CITY|TRIP
ULM

W0083450

Inhalt

7 Ulm entdecken

8 Ulm für Citybummler
9 Ulm an einem Tag
10 Ulm an einem Wochenende
11 Das gibt es nur in Ulm ...
12 Stadtspaziergänge

17 Nördliche Altstadt

17 ❶ Ulmer Münster ★ ★ ★ [C4]
24 ❷ Auf dem Münsterplatz ★ ★ [C4]
25 ❸ Stadthaus ★ [C4]
26 ❹ Museum der Brotkultur ★ ★ [C3]
26 ❺ Kornhaus ★ [D3]
27 ❻ Pauluskirche ★ ★ [D1]
28 ❼ St. Georg ★ ★ [D2]
28 ❽ Grabenhäusle und Zundelturm ★ [D2]
29 ❾ Zeughaus ★ [E3]
30 ❿ Gänsturm ★ [E3]
30 ⓫ Judenhof ★ [D4]

◁ *In den Gassen nördlich des Münsters* ❶
kann man sich leicht verlaufen (001ul-mb)

31 Südliche Altstadt

31 ⑫ Kunsthalle Weishaupt ★ ★ [D4]

32 Ulms „Neue Mitte": Städtebau mit Augenmaß

33 ⑬ Ulmer Museum ★ ★ ★ [D4]

34 ⑭ Rathaus ★ ★ ★ [C4]

35 ⑮ Stadtbibliothek ★ [C4]

35 ⑯ Synagoge ★ [C4]

36 Jüdisches Leben in Ulm

36 ⑰ Schwörhaus ★ ★ [C4]

38 ⑱ Fischerviertel ★ ★ ★ [C5]

38 ⑲ Schiefes Haus ★ ★ [C5]

39 ⑳ Fischerplätzle ★ [C5]

40 ㉑ Metzgerturm ★ [C5]

40 ㉒ Grüner Hof und Minnesängersaal ★ ★ [D4]

41 ㉓ Adlerbastei und Stadtmauer ★ [E4]

*42 Der „Schneider von Ulm" –
ein tollkühner Visionär*

43 Entdeckungen außerhalb der Altstadt

43 ㉔ Friedrichsau ★ ★ [ef]

43 ㉕ Tiergarten ★ [ef]

45 ㉖ Wilhelmsburg ★ [cf]

46 Die Bundesfestung

48 ㉗ Botanischer Garten ★ [Faltplan]

49 ㉘ Klosterhof Söflingen ★ [ah]

50 ㉙ Fort Oberer Kuhberg [ai]

51 ㉚ Donauschwäbisches Zentralmuseum ★ ★ [A6]

52 ㉛ Kloster Wiblingen ★ ★ ★ [Faltplan]

56 Neu-Ulm

56 ㉜ Insel ★ [E5]

57 ㉝ Edwin Scharff Museum ★ [E5]

58 ㉞ St. Johann Baptist ★ ★ ★ [E5]

59 ㉟ Glacis-Park ★ ★ [E7]

60 Das amerikanische Neu-Ulm und seine Spuren

61 ㊱ Kollmannspark und Wasserturm ★ ★ [D7]

61 Ausflüge in die Umgebung

61 ㊲ Blaubeuren und Blautopf ★ ★ ★ [Faltplan]

63 ㊳ Laichinger Tiefenhöhle ★ [Faltplan]

64 ㊴ Ehingen ★ ★ [Faltplan]

65 ㊵ Biberach an der Riß ★ ★ ★ [Faltplan]

68 ㊶ Günzburg ★ ★ ★ [Faltplan]

70 ㊷ Legoland ★ [Faltplan]

71 Ulm erleben

72 Ulm für Kunst- und
Museumsfreunde
77 Ulm für Genießer
86 Ulm am Abend
90 Ulm für Kauflustige
95 Ulm zum Träumen
und Entspannen
96 Zur richtigen Zeit am richtigen Ort

99 Ulm verstehen

100 Das Antlitz Ulms
102 Von den Anfängen
bis zur Gegenwart
106 Leben in der Stadt
106 *Berühmte Ulmer und Neu-Ulmer*
109 Die Ulmer und die Donau –
ein besonderes Verhältnis

111 Praktische Reisetipps

112 An- und Rückreise
113 Autofahren
114 Barrierefreies Reisen
115 Informationsquellen
117 *Meine Literaturtipps*
118 *Ulm preiswert*
118 Internet
119 Medizinische Versorgung
119 Mit Kindern unterwegs
120 Notfälle
121 Öffnungszeiten
122 Radfahren
122 *Spitzensport in Ulm*
124 Schwule und Lesben
124 Sport und Erholung
125 Sprache
125 Stadttouren
127 Unterkunft
130 Verkehrsmittel
131 Verhaltenstipps
131 Wetter und Reisezeit

Zeichenerklärung

★★★ nicht verpassen
★★ besonders sehenswert
★ wichtig für speziell
interessierte Besucher

[A1] Planquadrat im Kartenmaterial. Orte ohne diese Angabe liegen außerhalb unserer Karten. Ihre Lage kann aber wie von allen Ortsmarken mithilfe der begleitenden Web-App angezeigt werden (s. S. 137).

Vorwahlen

❯ Deutschland: 0049
❯ Ulm/Neu-Ulm: 0731
❯ Biberach: 07351
❯ Ehingen: 07391
❯ Blaubeuren: 07344
❯ Günzburg: 08221

133 Anhang

134 Register
137 *Ulm mit PC,*
Smartphone & Co.
140 Der Autor
140 Schreiben Sie uns
140 Impressum
141 Liste der Karteneinträge
143 Zeichenerklärung

Ulm ist eine gemütliche kleine Großstadt, folglich bleiben viele Restaurants, Museen und Geschäfte länger
bestehen als andernorts – genau das
macht den Reiz der Donauperle aus.
Nichtsdestotrotz kam es auch hier in
den letzten Jahren zu umfangreichen
Veränderungen. Im Gegensatz zu
den Nachkriegsjahren geht man nun
aber sehr vorsichtig mit dem historischen Erbe der ehemaligen Reichsstadt um. Deutlich dynamischer zeigt
sich in vielerlei Hinsicht die südliche Schwesterstadt Neu-Ulm. Diese
Neuerungen beschäftigen Ulmer und
Neu-Ulmer zurzeit besonders:

Speisen auf dem Wasser

In Ulm kann man beim Dinieren über
die Donau blicken. Das edle Ambiente im Bootshaus Ulm (s. S. 83)
bringt den Hauch einer New Yorker
High-Society-Bar an die Donau.

Neu-Ulm wandelt sich

Die ehemaligen amerikanischen
Kasernenanlagen in Neu-Ulm wurden in den letzten Jahren großflä-
chig umgestaltet (s. S. 60). Derzeit entsteht auf der Insel (s. S. 56)
ein modernes und luxuriöses Wohn-
und Geschäftsquartier. Auch die im
März 2015 eröffnete Glacis-Galerie
(s. S. 91) – das größte Einkaufs-
zentrum der Region – dürfte dafür
sorgen, dass in Zukunft noch mehr
Besucher nach Neu-Ulm kommen.

Ein neues Quartier entsteht

Gegenüber dem Ulmer Bahnhof entsteht mit den Sedelhöfen derzeit ein
kleiner, moderner Stadtteil. Die Fer-
tigstellung ist für 2018 geplant, insgesamt wird das Quartier wohl über
170 Mio. Euro verschlingen.

081ul-fo©Mikhail Markovskiy

ULM ENTDECKEN

Ulm für Citybummler

Ulm weiß zu begeistern. Viele Tausend Besucher strömen jährlich in die Stadt an der Donau, um den besonderen Glanz der alten Reichsstadt zu genießen, den höchsten Kirchturm der Welt zu erklimmen (s. S. 23) oder um im urigen Fischerviertel ⓲ die Spezialitäten der schwäbischen Küche zu genießen. Aber die Stadt hat noch mehr zu bieten: Deutschlands besterhaltenes Festungsgelände (s. S. 46) beispielsweise, eine lebendige und ungewöhnliche Museumslandschaft oder die Schwörwoche (s. S. 97), in der ganz Ulm außer Rand und Band ist. Kurzum: Eine Reise nach Ulm lohnt sich und man sollte sich genügend Zeit nehmen, um all die Facetten der Stadt zu erkunden.

Ulm bietet zusammen mit Neu-Ulm auf relativ kleinem Raum tolle Entdeckungsmöglichkeiten. Wer nur wenig Zeit hat, um die Stadt kennenzulernen, der sollte den auf Seite 12 beschriebenen **Stadtspaziergängen** folgen. Möchte man sich hingegen gleich ins Gewühl stürzen, sollte man seine Tour je nach Interessenlage planen: Im **Fischerviertel** kommen Fans von **Fachwerkbauten** voll auf ihre Kosten. Auf kleinem Raum kann man hier nicht nur architektonische Highlights wie das **Schiefe Haus** ⓳ bewundern, sondern auch gut einkehren und sich von dem romantischen Plätschern des Flusses Blau verzaubern lassen.

Daneben warten Ulm und Neu-Ulm mit einer Reihe von faszinierenden **Sakralbauten** auf. Natürlich steht ein Besuch des weltberühmten **Münsters** ❶ ganz oben auf der Liste, aber auch die Kirchen **St. Johann Baptist** ㉞ in Neu-Ulm und **St. Georg** ❼ sowie die **Pauluskirche** ❻ nördlich der Donau ziehen Besucher in ihren Bann. Wer den Spuren der Weißen Rose folgen möchte, sollte sich außerdem die **Martin-Luther-Kirche** (s. S. 51) ansehen.

Festungsarchitektur kann man in den verschiedenen Anlagen der **Bundesfestung** (s. S. 46) entdecken. Man kommt buchstäblich nicht um die ehemals größte deutsche Anlage dieser Art herum: Einst umgab sie die gesamte Stadt und auch Neu-Ulm südlich der Donau. Heute ist die Festung wie selbstverständlich ein Teil Ulms und insbesondere Neu-Ulms geworden und wird auf verschiedene Weise genutzt. Bei einer Erkundung der Anlage kann man sich auch gleich die Ausstellungen im **Donauschwäbischen Zentralmuseum** ㉚, der **Wilhelmsburg** ㉖ (nur geführt) und im **Fort Oberer Kuhberg** ㉙ ansehen. Ein 12 km langer Festungsweg, der mit informativen Stelen gespickt ist, weist den Weg rund um das Ensemble.

Fans des Barock fühlen sich in Wiblingen wohl, wo sich auch der Anfang der **Oberschwäbischen Barockstraße** (s. S. 67) befindet. Folgt man dieser, gelangt man zu den ebenfalls sehenswerten Städten **Biberach** ㊵ und **Ehingen** ㊴, die insbesondere auf geplagte Großstadtseelen idyllisch wirken. Man sollte allerdings mit dem Pkw, dem Rad oder dem Zug unterwegs sein, denn beide Städte liegen weiter außerhalb.

Wem der Sinn mehr nach **Entspannung** steht, der findet im Ulmer Nor-

◁ *Blick über die Donau auf das Ulmer Münster* ❶

den einen malerischen **Wanderweg**, der auch am Botanischen Garten ㉗ vorbeiführt, und den interessanten **Kunstpfad** (s. S. 49). Die **Friedrichsau** ㉔ bietet neben herrlichen Parkanlagen im Sommer auch Konzerte und einen kleinen, sehr schönen **Tiergarten** ㉕ mit Aquarium und Tropenhaus. Oder man macht sich nach Neu-Ulm auf, wo man im **Glacis-Park** ㉟ spazieren gehen kann.

Interessanterweise wandelt sich das Gesicht Ulms je nach Tageszeit sehr stark. Während es tagsüber durchaus geschäftig zugeht, wird es abends ruhiger und die Ulmer ziehen sich in die Vororte zurück. Dann bevölkern **Studenten** die Altstadt und im Fischerviertel geht es gemütlich zu. Nach 23 Uhr hat man als Citybummler dann viele Bereiche der Stadt für sich und ganze Straßen wirken wie ausgestorben.

Hat man das Glück, dass in den frühen Morgenstunden gerade Nebelschwaden die Stadt umarmen, dann üben die kleinen Gassen einen ganz besonderen Reiz aus und man fühlt sich in längst vergangene Zeiten zurückversetzt.

Ulm an einem Tag

Bei vielen Besuchern handelt es sich um Mitglieder von **Reisegruppen**, die auf dem großen Busparkplatz [B4] in der Neuen Straße abgesetzt werden und lediglich einen Tag Zeit haben, um die Donaustadt zu entdecken. In diesem Fall sollte man sich auf die **Erkundung der Innenstadt** beschränken und eventuell noch einen Besuch in **Wiblingen** ㉛ in Betracht ziehen. Für einen Besuch Neu-Ulms reicht in diesem Fall leider die Zeit nicht. Am besten folgt man dem auf Seite 12 beschriebenen **Spaziergang**, auf dem man einen guten Eindruck von der Pracht der alten Reichsstadt und den vielen Facetten Ulms bekommt.

Viele Gäste kommen auch mit dem **Rad** nach Ulm, machen eine Nacht Station und fahren dann weiter entlang der Donau. Auf Seite 122 findet sich eine Auswahl an Fahrradparkhäusern.

△ Nach der Besichtigung der Stadt kann man auf dem Markt auf dem Münsterplatz ❷ ausgiebig shoppen

Ulm an einem Wochenende

Ulm bietet auf relativ kleinem Raum eine Fülle an Sehenswürdigkeiten. Aus diesem Grund lässt sich die Stadt gut an einem Wochenende erkunden, wobei auch ein Besuch von **Neu-Ulm** und der beeindruckenden Klosteranlage in **Wiblingen** ❹ nicht zu kurz kommen sollten. Praktisch alle Sehenswürdigkeiten Ulms sind fußläufig erreichbar und man läuft nicht Gefahr, sich bei der Planung des individuellen Besuchsplans zu überfordern.

Wer nach einer ausgiebigen Erkundung der Stadt noch etwas Zeit erübrigen kann, der sollte unbedingt zumindest eines der malerischen Städtchen im **Ulmer Umland** erkunden (s. S. 61). Alle in diesem Buch beschriebenen Ausflugsziele sind per ÖPNV oder Pkw weniger als eine halbe Stunde von Ulm entfernt und können auch bei der An- oder Abreise bequem „mitgenommen" werden.

☑ *Das Kloster Wiblingen* ❹ *wurde im Laufe der Zeit immer weiter ausgebaut, ohne dass der barocke Charakter der Anlage verloren ging*

Erster Tag

Am ersten Tag sollte eine Besichtigung der **Ulmer Altstadt** auf dem Programm stehen. Hierzu empfiehlt sich der auf Seite 12 beschriebene Spaziergang, den man aber nicht antreten sollte, ohne vorher auf dem Münsterplatz beim **Café Tröglen** (s. S. 85) eine Tasse Kaffee getrunken zu haben.

Nach dem Altstadtbummel ist vermutlich noch etwas Zeit übrig, um sich eines der **Museen** außerhalb des historischen Zentrums anzusehen, zum Beispiel das sehenswerte Donauschwäbische Zentralmuseum ❸⓪. Wer es entspannter haben will oder mit Kindern unterwegs ist, der sollte mit der Straßenbahn in die Friedrichsau ❷④ fahren, wo man besonders bei gutem Wetter herrlich spazieren kann. Auch ein Besuch des dortigen Zoos ❷⑤ darf dann nicht fehlen.

Abends sollte man sich unbedingt zurück ins **Fischerviertel** ❶⑧ begeben, wo sich zahlreiche urige Lokale befinden, in denen man sich stärken kann. Danach lohnt sich auf jeden Fall noch ein kurzer Abstecher auf die Neu-Ulmer Seite ins **Insel vom**

Das gibt es nur in Ulm ...

> **... den höchsten Kirchturm der Welt:** *Das Münster* ❶ *ist eine Kirche der Superlative. Sie verfügt mit dem Westturm nicht nur über den höchsten Kirchturm der Welt (162 Meter), sondern ist zugleich das größte evangelische Gotteshaus Deutschlands.*

> **... Ulmer Schachteln:** *Die im heutigen Neu-Ulm am südlichen Donauufer gefertigten Boote erlangten Berühmtheit, da die Zillen (einfache, flachbodige Kähne) nicht nur einfach herzustellen und praktisch waren, sondern nach ihrer Fahrt am Zielort oft verschrottet wurden, weil das günstiger war, als sie wieder zurückzubringen. Das brachte ihnen in Stuttgart den Spottnamen „Schachteln" ein. Heute ist man stolz auf diese Ur-Ulmer Art der Fortbewegung auf dem Wasser und man begegnet den kleinen Booten an vielen Orten der Stadt.*

> **... Ulmer Spatzen:** *Nicht nur auf dem Dach des Münsters findet man den sympathischen kleinen Piepmatz, sondern auch in jeder nur erdenklichen anderen Form: ob als Kunstwerke im Ulmer Raum (s. S. 76), als Schlüsselanhänger oder als Schokoleckereien.*

> **... den Schneider von Ulm:** *Für die einen war er ein Genie, für die anderen ein Wahnsinniger. Albrecht Berblinger (s. S. 42) war mit seiner einfachen wie genialen Flugapparatur seiner Zeit voraus. Noch heute wird an einigen Orten der Stadt an ihn erinnert, u. a. im Rathaus* ⓮ *und an der Adlerbastei* ㉓, *wo der „Schwäbische Ikarus" seinen tollkühnen Flugversuch wagte.*

> **Die Bundesfestung** (s. S. 46): *Deutschlands einst größtes Festungsensemble prägt nicht nur bis heute das Leben und die Gestalt der Stadt, sondern ist auch einer der wenigen erhaltenen Bauten des Deutschen Bundes überhaupt.*

Stein (s. S. 82) bzw. in dessen Biergarten, denn die wunderschön beleuchtete Altstadt von Ulm, die man von dort aus in aller Ruhe betrachten kann, ist einer der schönsten Eindrücke eines Besuchs der Donaustadt.

Zweiter Tag

Heute steht eine Erkundung von **Neu-Ulm** auf dem Programm. Hierzu bietet sich der auf Seite 15 beschriebene Spaziergang an. Nach einem Mittagessen im Insel vom Stein (s. S. 82) fährt man mit dem Bus nach **Wiblingen** ㉛, wo mit dem Kloster eine der interessantesten Sehenswürdigkeiten in der Ulmer Umgebung wartet.

Wem eher der Sinn nach einer Erkundung der **Bundesfestung** (s. S. 46) steht, der kann auch deren Verlauf folgen und gelangt so zu einigen weniger bekannten, aber nicht minder interessanten Sehenswürdigkeiten Ulms. Auch ein **Ausflug** in zwei der ab Seite 61 beschriebenen Orte außerhalb Ulms wäre eine denkbare Option für die Gestaltung des zweiten Tags. Aber egal, wohin es einen verschlägt, am Abend darf ein letzter Spaziergang über den Münsterplatz ❷ nicht fehlen. Nördlich des Ulmer Wahrzeichens findet man dann wieder eine Fülle an Restaurants und Bars, in denen man den ereignisreichen Tag Revue passieren lassen kann.

007ul-mb

Stadtspaziergänge

Stadtspaziergang 1: Ulm

Ausgangspunkt für diesen Spaziergang, für den man sich bei ausführlicher Erkundung aller hier beschriebenen Sehenswürdigkeiten einen Tag Zeit nehmen sollte, bildet – wie könnte es anders sein – Ulms bedeutendste Sehenswürdigkeit, das **Münster** ❶. Nach einer Begehung der höchsten Kirche der Christenheit und einem Aufstieg in den Turm (s. S. 23), der einen das schlechte Gewissen ob des möglicherweise

opulenten Frühstücks im Hotel vergessen lässt, lohnt eine Umrundung des Münsters, denn auf dem **Münsterplatz** ❷ gibt es viel zu entdecken. Neben der sehenswerten Valentinskapelle fällt hier vor allem das ebenso berühmte wie umstrittene **Stadthaus** ❸ ins Auge, wo man sich nicht nur bei der Tourist Information (s. S. 115) mit Infomaterial eindecken, sondern auch mit Glück gleich eine der Ausstellungen besuchen kann, die hier oft stattfinden.

Wer noch nicht gefrühstückt hat oder bei einer Tasse Kaffee und echten Ulmer Konditoreispezialitäten entspannen möchte, der kann das **Café Tröglen** (s. S. 85) aufsuchen, das sich genau gegenüber dem Westportal des Münsters befindet.

Nun wird der Münsterplatz über die **Brautgasse**, über die früher das Brautpaar vom Rathaus zum Münster zog, verlassen. Man überquert die erste Hälfte der Neuen Straße, die die Neue Mitte (s. S. 32) einrahmt. Hier, auf der ehemals sehr geschäftigen Hauptstraße Ulms, wartet mit der **Kunsthalle Weishaupt** ⓬ ein echtes Highlight auf Fans moderner Kunst. Entscheidet man sich für einen Besuch, sollte man sich gleich das Kombiticket besorgen und die Kunsthalle über den spektakulären Steg in luftiger Höhe verlassen, um so das **Ulmer Museum** ⓭ zu erreichen, das vielleicht bedeutendste Museum der Stadt. Wer sich diese beiden Highlights entgehen lassen will, ist zwar um einige Erfahrungen ärmer,

---

Routenverlauf im Stadtplan
Die hier beschriebenen Spaziergänge sind jeweils mit einer farbigen Linie im Stadtplan eingezeichnet.

◹ *Dank des fast überall sichtbaren Münsterturms kann man sich in Ulm kaum verlaufen*

◹ *Romantisch: das Fischerviertel*

aber nach einer Überquerung der Verkehrsinsel auch schneller an der nächsten Station des Spaziergangs, dem Marktplatz. Hier zieht zunächst das **Rathaus** ⓮ alle Blicke auf sich, aber auch der **Fischkastenbrunnen** und die gläserne Pyramide, die **Stadtbibliothek** ⓯, die einen eigenwilligen Kontrast zum Rathaus bildet, sind bemerkenswert.

Über die Mohrengasse geht es nun in westlicher Richtung zum Weinhof, wo mit der **Synagoge** ⓰ und dem **Schwörhaus** ⓱ zwei weitere Stationen des Spaziergangs stehen. War man noch nicht im Ulmer Museum oder möchte man sich noch eingehender mit der Stadtgeschichte befassen, sollte man sich die kostenlose Ausstellung im Erdgeschoss des Schwörhauses nicht entgehen lassen, denn sie bietet einen kompakten Einstieg in die Geschichte Ulms, der das Verstehen der Stadt und ihrer Bewohner erleichtern kann.

Nun geht es in südlicher Richtung ins **Fischerviertel**, wo zunächst das Schiefe Haus ⓳ angesteuert wird. Das schiefste Hotel der Welt ist ein beliebtes Fotomotiv. Aufgrund der vielen Touristen und der engen Gassen ist es aber oftmals gar nicht so einfach, den richtigen Winkel für einen Schnappschuss zu finden.

Weiter geht es zum **Fischerplätzle** ⓴, einen der schönsten Plätze der Stadt, wo mit dem Gasthaus im Zunfthaus der Schiffleute (s. S. 79) ein erstklassiges Lokal auf Kundschaft wartet. Am Eckhaus, dem sog. Schönen Haus, ist eine historische Stadtansicht Belgrads zu sehen, die zeigt, wie weit das Ulmer Handelsnetz damals reichte.

Nun geht es durch die Gasse nach rechts vorbei am **Schmalen Haus**, einem schönen Fachwerkbau. Neben dem Gasthaus Zur Forelle (s. S. 82) genießt man von der steinernen Brücke einen schönen Blick auf die Blau und die Gebäude zu beiden Seiten. Hier steht auch eine kleine Spatzenskulptur (s. S. 76) im Wasser. Wieder zurück in der Fischergasse kann man an der Kreuzung links noch gut erkennen, wie schwer die Alte Stadtmauer früher einzunehmen war. Es geht nun weiter die Gasse entlang und bei der nächsten Möglichkeit rechts über die Brücke. An der Blau entlang wird eine der schönsten Fassadenfronten des Fischerviertels passiert. Man befindet sich hier auf der **Ulmer Insel**, die von den beiden Blaukanälen eingerahmt wird. Ist man oben an der Straße angelangt, geht es rechts über die Schwörhausgasse vorbei an der Zill (s. S. 82), einem weiteren sehr guten Lokal mit leckeren schwäbischen Gerichten, wieder zurück zum **Weinhof** und vorbei am

dumont

historischen Steuerhaus, dem ehemaligen Sitz des Steueramts, bis zur **Neuen Straße**, der man nach rechts folgt. Der Brunnen, den man dabei passiert, zeigt unter anderem den Schneider von Ulm (s. S. 42) mit seiner Flugapparatur.

Unter dem Steg zwischen der Kunsthalle Weishaupt und dem Ulmer Museum läuft man geradewegs auf die Kirche zu. An der nächsten Kreuzung geht man über die Ampel und biegt dann rechts in die Donaustraße ein. Das Gebäude, das auf den modernen Backsteinbau folgt, beherbergt den **Minnesängersaal 22**, den man leider nur unter der Woche besichtigen kann. Man folgt der Straße weiter bis zur Donau.

Nun geht es nach links auf der **Alten Stadtmauer 23** bis zum schönen Rosengarten. Oberhalb des Gartens läuft man weiter auf der Mauer und

gelangt so zur **Adlerbastei,** von der der Schneider von Ulm seinen Flugversuch startete. Gegenüber, auf der Neu-Ulmer Seite, sieht man auf der **Insel 32** das Kriegerdenkmal von Edwin Scharff (s. S. 57). Einige Meter weiter folgen ein Denkmal für Max Eyth (s. S. 42) und das Bootshaus (s. S. 83). Links sieht man nun bereits den **Gänsturm 10**, durch den man zur Gideon-Bacher-Straße gelangt, in die man nach links abbiegt. Nach ca. 70 Metern geht es rechts in die Griesbadgasse, die geradeaus zum **Zundeltor** und zum **Zundelturm 8** führt.

Links am Tor vorbei geht es über den Weg, der rechts nach oben führt, zu den **Grabenhäusle 8** des Seelengrabens. Am Ende der Häuschen steigt man die Treppe hinunter und läuft dann geradeaus weiter über die Frauenstraße, die man an der Ampel überqueren muss. Über das kleine Treppchen gelangt man zu den Häusle des Frauengrabens. Am anderen Ende des Weges geht es die Treppe hinunter zur Straße Hafenbad, vorbei am Wirtshaus Drei Kannen (s. S. 83) und dann rechts in die Herrenkellergasse. Hier endet der Spaziergang, den man nun idealerweise bei einem Bummel durch die Altstadtgassen nördlich des Münsters ausklingen lässt. Hier kann man zwar schnell die Orientierung (und angesichts der vielen netten Geschäfte seine Kreditwürdigkeit) verlieren, aber ein Blick in den Himmel zum **Münsterturm** genügt und man findet wieder zum Ausgangspunkt des Spaziergangs zurück.

◁ *An den Grabenhäusle 8 entlang kann man im Norden der Altstadt auf der Alten Stadtmauer spazieren gehen*

Spaziergang 2: Neu-Ulm

Noch immer fasziniert von den Eindrücken Ulms, geht es am zweiten Tag nach Neu-Ulm, die südliche Schwesterstadt auf der bayerischen Seite der Donau. Der Rundgang startet an der baden-württembergisch-bayerischen Landesgrenze mitten auf der **Herdbrücke.** Nun geht es zunächst auf die **Insel** 🕦, auf der derzeit ein ehrgeiziges Luxuswohnprojekt realisiert wird. An ihrem Ende befindet sich mit dem Kriegerdenkmal ein eindrucksvolles Werk Edwin Scharffs (s. S. 57), der dem Spaziergänger in Form eines Museums später auf dieser Tour noch begegnen wird.

Man verlässt die Insel nun über die Marienstraße und überquert anschließend die Krankenhausstraße. Ca. 50 Meter weiter ist der Petrusplatz mit der Petruskirche erreicht. Wer das Glück hat, an einem Markttag hier zu sein (Mittwoch und Samstag), kann hier ein buntes Sammelsurium an regionalen Produkten erstehen. Hinter der Kirche schließt sich das **Edwin Scharff Museum** 🕧 an, das Fans expressionistischer Kunst unbedingt besuchen sollten. Links geht es nun in die Augsburger Straße, so etwas wie die Hauptschlagader der Stadt. Nach ca. 100 Metern ist die **Kirche St. Johann Baptist** 🕓 erreicht, die vor allem durch die Art, wie Architekt Dominikus Böhm mit Licht gearbeitet hat, international bekannt ist.

009ul-mb

Einige Meter weiter schließt sich der Rathausplatz mit dem berühmten Brunnen „Drei Männer im Boot" von Edwin Scharff an. Über die Ottostraße hinter St. Johann Baptist erreicht man die Friedenstraße, der man nach rechts folgt. Die recht unspektakuläre Straße bietet eine gute Sicht auf den **Wasserturm** 🕕, das Wahrzeichen der Stadt. Man biegt nun links in die **Hermann-Köhl-Straße** ein, die nach dem berühmten Piloten (s. S. 106) benannt ist, und achtet dabei auf die ostdeutschen Ampelmännchen, die in diesen Gefilden sonst eher selten anzutreffen sind. An der Kreuzung mit der Friedenstraße befindet sich rechts oben neben der Ampel eine Gedenktafel für Max von Eyth, der dem Schneider von Ulm (s. S. 42) ein literarisches Denkmal setzte. Ab dem Kreisverkehr heißt die Straße Memminger Straße. Links wartet die nagelneue **Glacis-Galerie** (s. S. 91) auf Kundschaft. Dank der Brücke, die über die Bahn-

◹ *„Drei Männer im Boot" ist nur eines der Werke des berühmtesten Neu-Ulmers Edwin Scharff (s. S. 57)*

gleise führt, ist nach wenigen Metern die Turmstraße erreicht, in die man rechts einbiegt. Hier zeigt sich bereits deutlich der ehemalige Festungscharakter der Stadt.

Nach einigen Metern erblickt man erneut den Wasserturm. Zunächst geht man aber an der Uhr steil den Berg nach oben. Auf dem Rücken der Kaponniere (einem geschützten Raum, aus dem geschossen werden konnte) geht es entlang des **Glacis-Parks** ㉟ bis zum **Wasserturm**, den man über die Steintreppe erreicht (Achtung: Rutschgefahr!).

Folgt man nun der Turmstraße nach links, erreicht man eine Unterführung, nach der man gleich wieder links in den Flößerweg abbiegt. An dessen Ende ist die Donau erreicht.

Hier bietet sich der wohl **schönste Blick auf Ulm**.

Nun kann man entweder mit der **Solarfähre** (s. S. 131) nach Ulm übersetzen oder noch weiter zur nächsten Brücke gehen, wo der Ausgangspunkt des Spaziergangs wieder erreicht ist. Anschließend geht es mit Bus Nr. 3, 9 oder 23 in gut 15 Minuten nach Wiblingen (Haltestelle: Pranger), wo man intensiv die barocke **Klosteranlage** ㉛ besichtigen sollte. Für eine Tour durch das Kloster und die barocke Bibliothek sollten mindesten 2 bis 3 Stunden eingeplant werden. Je nach Ort der Übernachtung geht es nun zurück nach Ulm oder Neu-Ulm, wo man den Kurztrip bei einem guten schwäbischen Essen (s. S. 79) ausklingen lassen kann.

Neu-Ulmer Stadtgeschichten

Wer offenen Auges durch Neu-Ulm geht, begegnet an vielen Orten **Infostelen**. Insgesamt informieren ca. 90 von ihnen im ganzen Stadtgebiet über Neu-Ulm, dessen Geschichte und seine berühmten Söhne und Töchter. Im Internet finden sich mehrere hervorragend gestaltete **Touren** zu verschiedenen Themen wie den Brücken der Stadt oder Schlössern in der Umgebung. Die Touren sind teilweise für Fußgänger und teilweise für Radfahrer gedacht, separate Karten weisen auf den Standort der Stelen und den genauen Routenverlauf hin.

❯ http://nu.neu-ulm.de/fileadmin/ mount/stadt-nu/pdfs/3_NU_erleben/ Tourismus/Stadtgeschichten/ES_Bro schuere_Stadtgeschichten.pdf. Die Broschüre ist auch in der Tourist Information (s. S. 115) erhältlich.

▷ *Stelen wie diese vor dem Wasserturm* ㊱ *liefern Infos zu Objekten*

Ulms Umland erkunden

Wer mehr als zwei Tage in Ulm bleibt, sollte unbedingt auch einige der sehenswerten Ausflugsziele im Ulmer Umland ansteuern. Neben malerischen Städtchen wie **Biberach** ㊵, **Ehingen** ㊴, **Günzburg** ㊶ und **Blaubeuren** ㊲ mit seinem sagenumwobenen Blautopf bieten je nach Interessenlage auch Besuche im **Legoland** ㊷ oder in der **Laichinger Tiefenhöhle** ㊳ garantiert unvergessliche Erlebnisse, auch und besonders in Begleitung von Kindern (über sechs Jahren).

011ul-mb

Nördliche Altstadt

❶ Ulmer Münster ★★★   [C4]

Das Münster ist mehr als nur Ulms bedeutendste Sehenswürdigkeit. Es ist ein Spiegel seiner Geschichte und Bewohner. Heute beeindruckt es vor allem durch seine Ausmaße und Architektur, der alte Glanz im Innern lässt sich aber noch an vielen Stellen bewundern.

Geschichte

Das Münster „erlebte" im Laufe seiner Geschichte insgesamt 14 Baumeister, die das Gebäude vom 14. bis zum 16. und dann wieder im 19. Jh. betreuten. Konzipiert wurde der Bau für 20.000 Gläubige(!) und das, obwohl die Stadt damals nur etwa 10.000 Einwohner hatte. Erster Baumeister des Münsters war **Heinrich Parler**, die heutigen ungefähren Maße der Kirche gehen auf seine Nachfolger Michael Parler und Heinrich Parler den Jüngeren zurück. Zunächst wurde der **Chor** des Münsters errichtet. Heute bildet er den östlichsten Teil der Kirche.

Verantwortlich für die Planung des **Westturms** war Ulrich von Ensingen. Ursprünglich sollte er eine Höhe von 156,85 Metern haben. Die Kirche wurde – noch in sehr unfertigem Zustand, ohne vollständigen Turm und mit einem Dachprovisorium ausgestattet – im Jahr 1405 geweiht. 1422 wurden die **Skulpturen** im Westportal fertiggestellt und 1434 wurde der Bogen zwischen Turmhalle und Mittelschiff geschaffen. Das **Chorgewölbe**

wurde erst 1449 geschlossen, rund 20 Jahre später entstanden der obere Fensterbereich und das Gewölbe des Mittelschiffs.

Das **Chorgestühl**, neben dem Westportal vielleicht die schönste Arbeit des Münsters, wurde 1474 fertiggestellt. Die folgenden Jahre waren von aufwendigen Sicherungsmaßnahmen geprägt, denn das ursprüngliche Fundament konnte der mittlerweile erdrückenden Last des Münsters nur mehr schlecht als recht standhalten.

Das Gotteshaus verfügte Ende des 15. Jahrhunderts über stolze **51**(!) Altäre. Berichten zufolge nahmen damals an Feiertagen bis zu 15.000

📷 *Dem Himmel so nah - der Westturm des Ulmer Münsters ist der höchste Kirchturm der Welt*

Das Münster in Zahlen

❯ **Breite:** 49 m
❯ **Höhe des Hauptschiffs:** 42 m
❯ **Breite des Langhauses:** 52 m
❯ **Länge:** 123 m
❯ **Höhe des Westturms:** 161,53 m
❯ **Anzahl der Orgelpfeifen:** 9000
❯ **Gesamtgewicht des Westturms:**
ca. 50.000 Tonnen

Menschen an den Gottesdiensten teil. Wer sich die damalige Größe Ulms vor Auge führt, wird feststellen, dass nicht nur die Stadt selbst, sondern auch die Dörfer in der Umgebung dann wie leergefegt gewesen sein müssen. Durch die **Reformation,** der sich Ulm anschloss, kam es zum Baustopp und leider auch zu einem **Bildersturm,** dem unzählige Kunstschätze zum Opfer fielen, darunter auch die meisten Altäre. Lediglich einige wenige konnten gerettet werden, sie befinden sich heute oft in kleineren katholischen Kirchen im Ulmer Umland.

Von 1543 bis 1856 wurden keine größeren Umbauten am Münster unternommen. Erst dann verfügte man über die nötigen Mittel, um den Bau zu vollenden. Zunächst wurde der **Münsterplatz** freigelegt, auf dem noch ein ehemaliges Kloster stand. Die beiden **Osttürme** wurden 1880 fertiggestellt, zehn Jahre später wurde auch der imposante **Westturm** endgültig Realität. Man griff damals auch auf originale Baupläne aus dem Mittelalter zurück, die allerdings nur eine Höhe von gut 156 Metern vorsahen. Da das Ulmer Münster beinahe zeitgleich mit dem Kölner Dom vollendet wurde, ließen es sich die Baumeister nicht nehmen, noch einmal 5 Meter „draufzuschlagen" – der West-

turm war somit noch höher als der katholische Konkurrent im Rheinland, dessen Türme „nur" gut 157 Meter hoch sind. Verantwortlich für den Bau des Ulmer Turms war August Beyer.

Fassade

Der Rundgang um das Münster startet am **Westturm,** dem höchstem Kirchturm der Welt. Mit seinen 161,53 Metern ist er zugleich die beeindruckendste Manifestation des mittelalterlichen Reichtums der Stadt – auch wenn er erst viel später fertiggestellt wurde. Wer den Turm besteigen möchte (s. S. 23), kann dies immerhin bis zu einer Höhe von gut 140 Metern tun – die atemberaubende Aussicht entschädigt für die fast 800 Stufen, die es zu erklimmen gilt.

Der Turm verfügt über drei Geschosse (Vorhalle, Martinsfenster und Glockenstube), gefolgt von einem über 30 Meter hohen Achteck, das von einer Galerie abgeschlossen wird. Der Turmhelm verjüngt sich nach oben und ist fast 60 Meter hoch.

Im **Westportal,** das von drei gotischen Spitzbögen gekrönt wird, sollte man sich unbedingt die Zeit nehmen, um alle baulichen Details genau zu studieren: An den Pfeilern vor der Halle stehen eine milde lächelnde Maria und Martin, Antonius sowie Johannes der Täufer. Der **Schmerzensmann** ist ein Abguss, das Original befindet sich im Münsterinnern. Er ist äußerst fein gearbeitet und man kann die Leiden Jesu in den Gesichtszügen deutlich erkennen, unterstützt wird dieser Eindruck noch durch die Darstellung der Rippen und den realistischen Faltenwurf des Umhangs. Das Werk stammt von Hans Multscher und wurde im 15. Jh. gefertigt. Multscher gilt nicht nur aufgrund dieses Werkes als einer der bedeutendsten Bildhauer seiner Zeit. Leider sind viele seiner Werke dem Bildersturm zum Opfer gefallen, am Rathaus ⓮ finden sich aber noch Arbeiten von ihm. Neben und um den Schmerzensmann befinden sich Heilige. In **den Bögen oberhalb des Eingangs** sind die zwölf Apostel sitzend dargestellt. Der **Hauptbogen** zeigt Märtyrerapostel und die fünf klugen und fünf törichten Jungfrauen.

Das **Tympanon** oberhalb des Eingangs zeigt eine Darstellung des **Jüngsten Gerichts** und erzählt die **Schöpfungsgeschichte** nach. Anfang und Ende der Welt sollen dem Kirchgänger die Endlichkeit seiner irdischen Existenz vor Augen führen. Die drei Kugeln, mittels derer die Welt symbolisiert wird, sind ein eindrückliches Zeugnis dafür, dass man im Mittelalter keinesfalls immer geglaubt hat, die Erde sei eine Scheibe, wie noch im 20. Jh. vermutet wurde. Ein weiteres interessantes Detail sind **Adam und Eva im Paradies** beziehungsweise deren Vertreibung aus selbigem rechts daneben. Ähnliche Darstellungen finden sich bis weit in die Neuzeit in ähnlicher Form in ganz Europa. Abgeschlossen wird das Relief im unteren Teil durch die Geschichte von **Kain und Abel**.

Bevor man nun die Kirche betritt, sollte man zunächst einmal das Münster gegen den Uhrzeigersinn, also nun nach rechts laufend, umrunden. Das erste Portal, das folgt, ist das **Große Marienportal**. Dargestellt ist das Leben der Muttergottes. Es handelt sich hierbei um das jüngste der insgesamt vier Seitenportale. Besonders schön gestaltet ist das **Brautportal** an der östliche Südseite des Münsters. Praktischerweise ist es auf das Rathaus ⓮ ausgerichtet, sodass sich eine Hochzeitsgesellschaft

heute nur wenige Meter geradeaus begeben muss, ohne das Münster umrunden zu müssen (was in einem Brautkleid sicher eine besondere Herausforderung ist). Dass über dem Brautportal das Jüngste Gericht dargestellt wird, ist hoffentlich nicht als schlechtes Omen für die Brautpaare zu verstehen ...

Die **Ostseite** des Münsters zieren acht Streben, in die jeweils ca. 20 Meter über dem Boden eine **Pfeilerfigur** integriert wurde. Diese Figuren sind im 14. Jahrhundert entstanden und zeigen acht Propheten aus dem Alten Testament. Gekrönt werden sie jeweils von einem hohen Baldachin.

⌃ *Der Schmerzensmann am Westportal beeindruckt durch seine realistische Darstellungsweise*

Rund um das Gotteshaus sind insgesamt 17 **Wasserspeier** angebracht, die allerdings eine reine Schmuckfunktion erfüllen. Sie stammen nicht etwa aus dem Mittelalter, sondern aus dem 19. Jahrhundert, als das Münster nicht nur seinen höheren Turm erhielt, sondern auch neue Streben, die auf diese Weise verziert wurden. Die teilweise Furcht einflößenden Tiere und Fabelwesen sollen das Böse vom Münster fernhalten. Sie sind allerdings nur dann gut zu erkennen, wenn man den Turm hinaufsteigt.

An der Stirnseite des Münsters geht es nun weiter am **Spatzenbad** (s. S. 25) vorbei zur **Neithardkapelle**, eine von nur drei Privatkapellen. Einige Meter weiter folgt das **Passionsportal**, das die Leiden Jesu zeigt. Das Portal weiter westlich ist das **Kleine Marienportal** von 1356. Man kann heute nicht direkt bis vor das Portal laufen, da sich hier die Münsterbauhütte befindet. Zwischen den beiden Gebäuden ist das Portal aber dennoch gut erkennbar. Hier sind die Geburt Christi und der Besuch der Heiligen Drei Könige dargestellt.

Das Chorgestühl zählt zu den wichtigsten Werken der Ulmer Schule

Das **Dach** über dem Mittelschiff wurde 1470 fertiggestellt. Gott sei Dank ersetzte man den Dachstuhl aufgrund statischer Bedenken im späten 19. Jahrhundert durch eine metallene Konstruktion. Hätte man diesen Schritt, der heute für den Besucher nicht ersichtlich ist, damals nicht vorgenommen, das Münster wäre wohl im Bombenhagel des Zweiten Weltkriegs ebenso zerstört worden wie die umliegenden Gebäude auf dem Münsterplatz.

Den **Ulmer Spatz** auf dem Dach umgeben viele liebevolle Legenden. Er ist gewissermaßen zum Maskottchen der Stadt geworden (s. S. 76) und stammt aus dem 19. Jh. Davor zierten entweder ein Reichsadler oder ein Phönix das Dach der Kirche. Der Originalspatz befindet sich im Innern des Gotteshauses.

Rundgang

Der Rundgang durch das Münster startet am **Westportal**. Über die Holztür links daneben gelangt man in einen Vorraum. Hier kann man entweder links über die Treppen in den Westturm steigen (s. S. 23) oder sich zunächst die Kirche anschauen, die man durch die Holztür mit den Glasfenstern betritt.

Sofort fällt dem Besucher die Erhabenheit des Baus auf. Die dunklen, wuchtigen Steine im unteren Teil und das Licht, das durch die oberen Fenster in die Kirche eindringt, sorgen für eine feierliche und beruhigende Atmosphäre.

Es geht nun zunächst nach rechts in das 42 m hohe **Mittelschiff** und dann einige Schritte Richtung Chor, um so die Orgel auszumachen. Die mächtige **Hauptorgel** verfügt über fast 9000 Pfeifen. Sie wurde Ende der 1960er-Jahre in Österreich angefertigt. Wenn man sich umdreht, erblickt man nun linker Hand die **Kanzel**, die mit einer filigran verzierten Konsole und einem beeindruckenden Schalldeckel ausgestattet ist, der auf Jörg Syrlin den Jüngeren zurückgeht.

Nun geht es nach rechts in das **südliche Seitenschiff** in Richtung des markanten Israelfensters. Hier steht an der südlichen Wand der **Parlerstein**, der an den ersten Baumeister des Münsters erinnert. Rechts daneben befindet sich der **Originalspatz** mit einem Zweig im Mund. Das **Israelfenster** wurde im späten 20. Jahrhundert geschaffen und ist als Zeichen der Versöhnung mit dem jüdischen Volk zu verstehen, ein eher ungewöhnlicher Anblick in einer christlichen Kirche. Es ist wie einige weitere Fenster erst sehr spät entstanden, weshalb man heute im Münster einen eklektischen Mix aus alten mittelalterlichen Fenstern und modernen, teils sehr abstrakten Exemplaren vorfindet.

Nun geht es Richtung Chor, also immer geradeaus durch das Seitenschiff. An der drittletzten Säule vor dem Chor ist das **Gründungsrelief** angebracht, das besondere Beachtung verdient. Es zeigt den damaligen Ulmer Bürgermeister Lutz Krafft, der zusammen mit seiner Gattin das Baumeister Heinrich Parler dem Älteren das Münster auf den Rücken setzt. Der arme Baumeister schrumpft freilich unter der Last zu einem Zwerg – Druck von oben, würde man heute sagen. Gut, dass er unter der Last nicht zusammengebrochen ist, sonst wäre Ulm wohl um eine Sehenswürdigkeit ärmer. Am Gründungsrelief beziehungsweise der Darstellung der Kirche kann man gut nachvollziehen, wie diese ursprünglich einmal hätte aussehen sollen.

Nur wenige Meter rechts steht der **Taufstein**. Unten sind die Wappen des Reiches und der Kurfürsten dargestellt, was die Verbindung von geistlicher Welt und irdischer Macht sehr schön illustriert. An der nächsten Säule befindet sich das **Weihwasserbecken**. An der Wand dahinter sind noch die Überreste eines teilweise zerstörten Altars auszumachen. Darüber befinden sich zahlreiche **Totenschilde**, insgesamt finden sich im Münster über 130 dieser kleinen Kunstwerke. Links daneben steht das **Original des Schmerzensmanns**. Hier erkennt man noch deutlicher die filigrane Arbeit Multschers.

Weiter geht es nun in den Chor hinein, wo sofort das **Chorgestühl** auffällt. Es diente einst den über 50(!) Priestern, die hier vor der Reformation Dienst taten, als Betstätte. Insgesamt finden sich 89 Sitze. Laut Angaben der Münsterverwaltung ist es durchaus möglich, dass hier auch Gericht gehalten wurde. Das Gestühl stammt aus dem 15. Jahrhundert und wurde von Jörg Syrlin dem Älteren und Michel Erhart entworfen. Beide sind bedeutende Vertreter der **Ulmer Schule**, zu der viele Künstler aus der Epoche der Spätgotik gezählt werden. Während Syrlins wichtigste Arbeiten vor allem im Münster zu sehen sind, kann man Erharts Arbeiten unter anderem auch am Fischkastenbrunnen (s. S. 35) und im Kloster von Blaubeuren **37** finden. Man sollte sich genügend Zeit nehmen, um die Figuren, die jeweils über den Sitznischen thronen, genau zu studieren. Auch wer des Lateinischen nicht mächtig ist, kann die Figuren leicht identifizieren, denn der Name der bedeutenden Personen, die hier verewigt wurden, steht meist an vorderster Stelle.

015ul-mb

Das **rechte Chorgestühl** ist die Frauenseite. Die Figuren zeigen u. a. zehn Sibyllen, heidnische antike Seherinnen und Priesterinnen, die vielen Christen als heidnische Verkünderinnen des Reiches Gottes galten. Bei der Sibylle von Cumae und der Hellenospontischen Sibylle handelt es sich um zwei der bedeutendsten Holzschnitzarbeiten in Ulm.

Die **Nordseite des Chorgestühls** ist bedeutenden Männern der Antike gewidmet, darunter Ptolemäus, dessen geozentrisches Weltbild bis in die Frühe Neuzeit als gültig anerkannt wurde, dargestellt mit einer Weltkugel auf einem Stab. Man findet ihn etwa in der Mitte des Gestühls am Aufgang zur zweiten Reihe. Die erste Figur zeigt vermutlich Vergil.

⌂ Im Münster finden sich neben klassischen Fenstern wie diesem auch sehr moderne Exemplare

Die Rückwände der Gestühle zeigen **Weise des Altertums**, darüber finden sich Figuren aus dem Alten Testament und wieder darüber Personen aus dem Neuen Testament und Heilige: Man beachte die nach oben (also zum Himmel) verlaufende Rangfolge.

Unterhalb der Fenster steht der **Hutzaltar**, benannt nach einer Ulmer Patrizierfamilie. Das Triptychon zeigt unten das Letzte Abendmahl, oberhalb ist die Heilige Familie in figürlicher und bildlicher Darstellung zu sehen. Einst befand sich hier ein wunderschöner Hochaltar von Michel Erhart, der leider im Zuge der Reformation zerstört wurde. Sechs der **Fenster** im Chorraum stammen noch aus dem Mittelalter, mussten aber bereits häufig restauriert werden.

Nun sollte man den Chorraum wieder verlassen und einige Schritte im Mittelschiff zurückgehen, um auf den Chor blicken zu können. Über ihm prangt ein riesiges **Fresko**, das das Jüngste Gericht darstellt. Ganz oben ist Christus zu sehen, links sind die Seligen auszumachen, rechts die Verdammten.

Hoch über dem **Altar**, der den Chor begrenzt, hängt ein großes Kreuz. Hierbei handelt es sich um eine Kopie, das Original befindet sich in Wiblingen **31**. Blickfang des sehenswerten Altars ist sein Altarbild, auf das das Letzte Abendmahl dargestellt wird. Es ist eines der bedeutendsten Werke des fränkischen Künstlers Hans Schäufelin, dessen Arbeiten Ähnlichkeiten mit denen seines Zeitgenossen Dürer aufweisen, ohne jedoch dessen Genialität zu erreichen.

Links neben dem Chor steht das **Sakramentshaus**, das von zwei Treppchen eingerahmt ist, unter denen Figuren des hl. Sebastian und des hl. Christophorus stehen. Der Tabernakelhelm ist äußerst filigran gefertigt und schließt in einer schwindelerregenden Höhe von 26 m ab.

Links neben dem Chor geht es nun in die **Neithardkapelle.** Hier sind noch alle drei Originalaltäre erhalten. Außerdem befinden sich hier einige Reliefs und Sakralgemälde sowie eine schöne Pieta-Darstellung aus dem 15. Jh. Im **nördlichen Seitenschiff** befindet sich gleich über dem Eingang (verschlossen) eine Darstellung von Christus am Kreuz, die inhaltlich mit der Passion Christi am Portal auf der Außenseite des Münsters korrespondiert. Durch das Seitenschiff kommt man wieder zum Eingang zurück, wo der Rundgang durch das Münster endet.

› **Öffnungszeiten:** Nov.–Feb. 9–16.45 Uhr (während des Weihnachtsmarkts bis 18.45 Uhr), März, Okt. 9–17.45 Uhr, April–Juni, Sept. 9–18.45 Uhr, Juli/Aug. 9–19.45 Uhr, Eintritt: frei

› **Gottesdienste:** So. 8, 9.30, 18 Uhr

› **Orgelkonzerte:** So. 11.30–12.15 Uhr, Eintritt: 8 €, ermäßigt 4 €, Orgelmusik am Mittag, Di.–Sa. 12–12.30 Uhr, Eintritt: 4 €, ermäßigt 3 €

EXTRATIPP

Hoch hinaus: Turmbesteigung

Wer gut zu Fuß ist und auf seinen Kopf aufpassen kann, für den ist die Besteigung des Westturms ein absolutes Muss. Allerdings sollte man für Auf- und Abstieg sowie Foto- und Verschnaufpausen etwa **eine Stunde Zeit einplanen.**

Nach der Bezahlung des Tickets am Automaten (über die Türme links neben dem Westportal erreichbar) geht es nach oben. Nach „wenigen" Metern ist die Vierecksgalerie (70 m Höhe) erreicht, ein erster **kleiner Aussichtsbalkon,** über den man bereits Ulms Westen ausmachen kann. Auf der nächsten Ebene (Achtung, hier begegnen einem möglicherweise bereits die ersten „Verirrten", die die Abstiegstreppe mit der Aufstiegstreppe verwechselt haben) sollte man eine kleine Pause einlegen und sich in der Achtecksgalerie (102 m Höhe) die Radierungen, die andere bedeutende Kirchtürme zeigen, ansehen und einen Blick auf die Münsterglocken (über Gucklöcher einsehbar) werfen. Der **Glockenstuhl** des Hauptturms umfasst insgesamt zehn Glocken. Die größte von ihnen ist die Gloriosa. Ihr Durchmesser beträgt 2 Meter und sie weist ein Gewicht von knapp 5 Tonnen auf. Sie wird allerdings in ihrer Bedeutung von der **Schwörglocke** in den Schatten gestellt. Die wuchtige Glocke existierte bereits, bevor es das Münster gab. Damals läutete sie in einer Kirche außerhalb der Stadtmauern. Jedes Jahr am Schwörmontag (s. S. 97) erklingt sie und leitet so das bunte Treiben ein.

Nun geht es auf die **nächsthöhere Ebene,** von der man bereits einen formidablen Rundumblick genießt. Wer noch genügend Kraft hat, kann den kleinen und sehr schmalen Turm in der Mitte nach oben gehen, wobei hier die letzten Meter besonders anstrengend sind. Ganz oben in der **Helmkranzgalerie** hat man dann aber den besten Blick über die Stadt und kann bei gutem Wetter sogar die Alpen im Süden ausmachen. Außerdem darf man sich jetzt mit Recht „Bezwinger des höchsten Kirchturms der Christenheit" nennen. Beim **Abstieg** sollte man sehr vorsichtig vorgehen, denn gerade hier oben ist die Gefahr abzurutschen besonders groß und der Blick nach unten kann zu Schwindel führen.

› **Turmbesteigung,** Nov.–Feb. 9–15.45, März, Okt. 9–16.45, April–Juni, Sept. 9–17.45, Juli/Aug. 9–18.45 Uhr, Eintritt: 5 €, ermäßigt 3,50 €. Besteigung auch während Veranstaltungen möglich.

❷ Auf dem Münsterplatz ★★   [C4]

Sicherlich werden Münster ❶ und Stadthaus ❸ zunächst die Blicke aller Besucher auf sich ziehen, aber auch auf dem Platz selbst gibt es einiges zu entdecken. Im etwas versetzten **Neuen Bau** ist heute die Polizei (s. S. 121) untergebracht. Das ehemalige Lagerhaus aus dem 16. Jh. ist eines der großflächigsten Gebäude jener Zeit. Zeitweise tagte hier der Rat der Stadt. 1924 wurde der Bau bei einem Brand stark beschädigt, nach der Restaurierung drei Jahre später zog die württembergische Polizei ein. Während der NS-Zeit befanden sich hier Räume der Gestapo. Im Innenhof steht ein sehr markanter **Brunnen**, der an Hildegard, die Gattin Karls des Großen, erinnert. Unverkennbar ist der Bau auch durch die vielen kleinen Fensterhauben, die mit Läden mit dem Stadtwappen verziert sind.

Gewissermaßen aus der Reihe fällt das architektonisch ungewöhnliche **Stadthaus** ❸, in dem die Tourist-Info (s. S. 115) beheimatet ist. Schräg gegenüber findet sich eine Stele, die an die **Weiße Rose** erinnert, deren berühmteste Vertreter Hans und Sophie Scholl in ihrer Jugend in Ulm lebten. Zwischen Stadthaus und Münster steht ein kleines, metallenes **Modell der Altstadt**, das einen guten Eindruck der Stadtsilhouette vermittelt. Weiter östlich folgt der **Delphinbrunnen** aus dem Jahr 1911, an dessen Spitze eine Darstellung von Neptun zu finden ist.

Die von außen schlichte **Valentinskapelle** auf der Südostseite des Münsterplatzes wurde im 15. Jh. als Grablege einer reichen Ulmer Familie erbaut. Sie wurde vermutlich von Matthäus Ensinger geschaffen, der zeitgleich als Baumeister des „großen Bruders" nebenan fungierte. Die kleine Kapelle kann auf eine wechselvolle Geschichte zurückblicken. Zeitweise diente sie als Lagerhaus, später war hier das Münsterbauarchiv untergebracht. Da sie früher auch als Schmalzlager diente, wird sie von den Ulmern auch als „Schmalzhäusle" bezeichnet. Ende des 19. Jh. wurde aus dem Profan- wieder ein Sakralbau, als die evangelische Gemeinde das Gebäude übernahm. Es dürfte nur wenige Kapellen geben, die so oft ihre Konfession gewechselt haben: Nach den katholischen Anfängen und der späteren Übernahme durch die Protestanten diente sie nach dem Zweiten Weltkrieg als orthodoxes Gotteshaus. Während zunächst die russisch-orthodoxe Kirche

◁ *Blick auf das Stadthaus und den Neuen Bau*

017ul-mb

hat. Weiter westlich befindet sich ein Haus mit mehreren Geschäften und Cafés. Es folgt die **Münsterbauhütte,** wo man zu besonderen Terminen einen Einblick in die Baugeschichte und die aufwendigen Restaurierungsarbeiten am und im Münster gewinnen kann (Infos: www.muensterbauamt-ulm.de/muensterbauamt/aktuelles.html). Vor dem Westportal des Münsters steht der **Löwenbrunnen,** in den auch das Stadtwappen (s. S. 105) integriert wurde.

❸ Stadthaus ★ [C4]

Laut Website des Stadthauses „stritten Kommunalpolitiker, Architekten und Stadtgestalter über (…) Rahmen und Bauwerke, die in Dialog treten können mit dem (…) Ulmer Münster." Das Projekt, das letztlich den Zuschlag erhielt, liegt bösen Zungen zufolge wohl eher im Streit mit dem Münster, als mit diesem in Dialog zu treten, aber der ungewöhnliche **Kontrast** verschiedener Bauepochen zeigt sich nicht nur hier, sondern u. a. auch vor dem Rathaus ⓮.

Das Stadthaus bildet zusammen mit der Neuen Mitte (s. S. 32) und der Stadtbibliothek gewissermaßen eine von Norden nach Süden verlaufende Achse moderner Gebäude im ansonsten so mittelalterlich anmutenden Ulmer Zentrum (man denke sich die Geschäfte und Straßen einmal weg). **Richard Meier,** Stararchitekt aus New York, zeichnete für den ungewöhnlichen weißen Bau verantwortlich, der bei einem Blick vom Münsterturm ein wenig aussieht wie ein Schlüssel.

Früher befand sich hier ein **Kloster des Barfüßerordens,** das 1878 abgerissen wurde, um den Blick auf Ulms neue Visitenkarte nicht zu trüben. Neben der **Tourist-Info** (s. S. 115) be-

hier Gottesdienste feierte, wurde diese 1967 von der serbischen Gemeinde abgelöst. Seit 1994 wird sie wieder von der **russisch-orthodoxen Kirche** genutzt.

Während die Kapelle von außen wie ein typisch westlicher Sakralbau wirkt, zeigt sich im Innern der optische Gegensatz zum protestantischen Münster: **Ikonen** und die **prächtige Goldausschmückung** sucht man nebenan vergeblich. Leider hat die Kapelle nur unregelmäßig geöffnet.

Östlich des Münsterchors steht der **Georgsbrunnen,** der den Drachentöter zeigt, und dahinter befindet sich das **Schuhhaus.** In dem Renaissancegebäude mit gotischen Elementen hat heute der Kunstverein (s. S. 75) seinen Sitz.

Schräg hinter dem Chor befindet sich das **Spatzenbad,** wo vier Betonspatzen fröhlich im Boden zu baden scheinen, wobei einer der Vögel den Kopf ganz „unter Wasser"

△ *Büste von Sophie Scholl im Stadthaus*

herbergt der Bau u. a. **Ausstellungsräume** und einen Veranstaltungssaal, in dem mehrmals pro Woche Vorträge, Konzerte, Tanzdarbietungen u. a. stattfinden. Im ersten Stock sind **zwei Büsten von Hans und Sophie Scholl** ausgestellt. Von der **Terrasse** genießt man einen schönen Blick auf die Szenerie.

❯ Münsterplatz 50, www.stadthaus.ulm.de, Tel. 0731 1617700, Eintritt zu den Ausstellungen frei. Fotos können leider nicht gemacht werden.

❹ Museum der Brotkultur ★★ [C3]

Wer denkt, dass eine so alltägliche Sache wie das Brot kein eigenes Museum verdient hat, der wird hier eines Besseren belehrt. Im Norden der Altstadt befindet sich ein ebenso einzigartiges wie ungewöhnliches Museum, das nicht nur Einblicke in die jahrtausendealte Geschichte des Brotes bietet, sondern insbesondere dessen Bedeutung für den Menschen unterstreicht. Das Museum der Brotkultur war zudem bei seiner Gründung vor wenigen Jahrzehnten das erste Brotmuseum weltweit.

Untergebracht ist das Museum im ehemaligen **Salzstadel** aus dem 16. Jahrhundert. Bis zum 19. Jh. wurden in diesem Renaissance-Gebäude die städtischen Salzvorräte gelagert, aber auch andere Waren wurden hier untergebracht, ehe es für verschiedene militärische Zwecke genutzt wurde. Wer genau hinsieht, erkennt übrigens, dass die Dächer zur West- und Ostseite ein klein wenig nach vorne geneigt sind.

Das private Museum hieß noch bis vor wenigen Jahren Deutsches Brotmuseum, aber der neue Name wird der kulturgeschichtlichen Bedeutung des Brotes gerechter. Die **Dauerausstellung** umfasst ca. 700 Exponate, die auch mithilfe des kostenlos erhältlichen Audioguides erschlossen werden können.

Eine Einführung im Erdgeschoss und einer nachgebauten Backstube folgt im ersten Obergeschoss eine Erklärung des gesamten Herstellungsprozesses von Brot („**Aus Korn wird Brot**") – von der Saat bis zum Verkauf. Deutlich eindrucksvoller ist aber die Ausstellung im zweiten Obergeschoss („**Der Mensch und das Brot**"), die verschiedene Aspekte des Brotes aufzeigt – von der religiösen Bedeutung im christlich-jüdischen Kulturraum über die Einsetzung von Hunger als Waffe im Krieg bis zur Welternährungsproblematik. Im dritten Stock befinden sich eine Bibliothek und ein Medien- und Veranstaltungsraum. Die Ausstellung wird auf jeder Ebene durch teilweise beeindruckende Exponate ergänzt, darunter mehrere aus der Antike oder ein sogenannter Kleiekotzer, der bei Kindern möglicherweise Angst auslösen könnte. Wechselnde **Sonderschauen** ergänzen die umfangreiche Dauerausstellung.

❯ Salzstadelgasse 10, www.museumbrotkultur.de, geöffnet: tägl. 10–17 Uhr, Eintritt: 4 €, ermäßigt 3 €, Familien 10 €, mit UlmCard kostenlos

❺ Kornhaus ★ [D3]

Der ehemalige Kornspeicher der Stadt ist ein interessantes Beispiel für einen **Profanbau aus der Renaissance**. Er entstand Ende des 16. Jahrhunderts am Ort eines älteren Kornhauses. Nachdem das Haus im Zweiten Weltkrieg komplett ausbrannte, konnte es in den 1960er-Jahren nach aufwendiger Restaurierung wiedereröffnet werden. Heute wird es für Ausstellungen und als Veranstaltungsgebäude für Konferenzen o. Ä. genutzt.

Die **Sgraffito-Technik**, mit der die Fassade des Gebäudes gestaltet wurde, schafft eine (fast) perfekte Illusion: Das Kornhaus besteht nämlich keinesfalls aus Ziegeln, wie es uns der Künstler weismachen möchte. Bemerkenswert sind auch die schönen Wellenrandgiebel, die charakteristisch für die Region um Ulm sind. Am Südportal kann man über dem Eingang noch gut das Baujahr erkennen, das sich über den beiden Löwen befindet, die den Reichsadler einrahmen.

❯ Kornhausplatz

❻ Pauluskirche ★★   [D1]

Nicht nur Neu-Ulm verfügt mit St. Johann Baptist ❸❹ über einen ganz und gar ungewöhnlichen Kirchenbau, auch auf der Nordseite der Donau findet man manche eher unbekannte Kirchenperle, die noch nicht von den Touristen entdeckt wurde. Im Gegensatz zu ihrem Neu-Ulmer Pendant ist die Pauluskirche kein expressionistischer Bau, sondern eine **Kombination aus romanischen und Jugendstilelementen**.

Mit ihrer ungewöhnlichen Bauweise und den charakteristischen **Türmen**, die syrischen Getreidespeichern nachempfunden sind, gilt sie heute als eine der Kirchen mit der besten Akustik in Baden-Württemberg. Entworfen wurde der Bau von Theodor Fischer, der u. a. für das Hauptgebäude der Uni Jena, die Erlöserkirche in Stuttgart, das Hessische Landesmuseum in Kassel und den Umbau zahlreicher Kirchen und Profanbauten verantwortlich zeichnete. Die Pauluskirche gilt als einer

seiner bedeutendsten Bauten. Sie ist eine der ersten **Betonkirchenbauten** im ganzen Land.

Die Bauarbeiten wurden 1908 aufgenommen, 1910 wurde das Gotteshaus geweiht. Genau wie St. Johann Baptist ❸❹ sollte es den Soldaten als **Garnisonskirche** dienen, in diesem Fall allerdings den evangelischen. Aufgrund ihrer einzigartigen Akustik ist die Kirche mehrmals im Monat Schauplatz von Konzerten, die oft von über 1000 Menschen besucht werden.

Das **Innere der Kirche** lohnt aber auch dann einen Besuch, wenn gerade keine Messen oder Konzerte stattfinden. Unter anderem sind die verspielte Glastür hinter dem Haupteingang und die beinahe surreal anmutende Christus-Figur echte Hingucker. Vor wenigen Jahren wurde die Kirche schön restauriert, sodass sie jetzt wieder im alten Glanz erstrahlt.

❯ Frauenstraße 110,
  www.pauluskirche-ulm.de

⌃ *Die wuchtige Pauluskirche vom Westturm des Münsters* ❶ *aus gesehen*

Spaziergang über den Alten Friedhof

Zwischen St. Georg ❼ und der Pauluskirche ❻ befindet sich der Alte Friedhof, der zum **Innehalten** und **Verweilen** einlädt. Die benachbarte, belebte Frauenstraße scheint plötzlich ganz weit weg zu sein, hier gibt es keine dicht beieinander angelegten Gräberreihen, sondern einzelne Grabmonumente teils berühmter Ulmer aus dem 16. bis ins 19. Jh., kleine Kunstwerke, die in Form von modernen Obelisken, schlichten Grabsteinen und uralten Grabplatten an die Verstorbenen erinnern. Das Areal ist daher der perfekte **Ort für Entdecker** und bietet den schönsten Weg, um von der Pauluskirche zu St. Georg zu gelangen. Früher stand hier übrigens die Kirche unserer Lieben Frau, der „Vorgänger" des Münsters außerhalb der Stadtmauern.

★1 [D1] **Alter Friedhof**, Frauenstraße

❼ St. Georg ★★ [D2]

An der Südseite des Friedhofs befindet sich das katholische Pendant zur Pauluskirche ❻, das ebenfalls als **Garnisonskirche** diente. Abgesehen von ihrer Lage am Alten Friedhof und ihre Entstehungszeit (St. Gerog wurde sechs Jahre vor der Pauluskirche fertiggestellt) haben die Kirchen aber nur wenig gemein. Das von **Max Meckel**, der unter anderem auch für den Wiederaufbau des Frankfurter Kaiserdoms, die Herz-Jesu-Kirche in Freiburg und die Neugestaltung des Frankfurter Römers verantwortlich war, entworfene katholische Gotteshaus wirkt wie eine uralte spätgotische Kirche und ist mit seinen charakteristischen, gen Himmel strebenden Helmen von Weitem sichtbar.

Im **Innern** beeindruckt die Kirche mit wunderschönen Wandmalereien und über dem Altar mit prächtigen Fenstern. Wer ganz genau hinschaut, wird erkennen, dass es sich um eine Garnisonskirche handelt, denn das Deckenbild im Mittelschiff zeigt zwei Eichen und die Wappen der Bundesstaaten des Deutschen Reichs – Symbole für Bundes- aber auch soldatische Treue. Schon kurz nach dem Ersten Weltkrieg wurden hier aber bereits zivile Messen gefeiert, seit Ende des Zweiten Weltkriegs werden hier keine Militärgottesdienste mehr abgehalten.

❯ Derzeit wird die Kirche saniert, weshalb sie **nur zu unregelmäßigen Zeiten geöffnet** ist, Infos: www.st-georg.telebus.de

❽ Grabenhäusle und Zundelturm ★ [D2]

Die Grabenhäuschen entstanden im Jahre 1610 auf der Doppelmauer der Stadt. Sieht man einmal von den Touristen ab, die hier im Sommer die eine oder andere Häuserfassade fotografieren, lässt es sich hier herrlich entspannt leben. Ursprünglich dienten die Häuser Soldaten als Wohnungen. Als Anfang des 19. Jh. die alte Stadtbefestigung geschleift wurde, war es wohl den Wohnungen zu verdanken, dass zumindest dieser Teil fortbestand und heute nicht nur den Ulmern als Wohnraum, sondern auch den Touristen als beliebtes Fotomotiv gilt.

Am Ende der Grabenhäusle steht der wuchtige **Seelturm**, auch bekannt als **Zundelturm**, da hier früher Zunder gelagert wurde. Zeitweise diente der Bau aber auch als Wasserturm. Das Tor unterhalb des Seelturms wird

019ul-mb

Zundeltor genannt. Es bildet den Abschluss der Ulmer Altstadt. Hier befindet sich auch ein lustiger Brunnen, der an den **Griesbadmichel** erinnert, ein Ulmer Original aus dem 19. Jh., das bei Regenwetter Würmer sammelte und auch beim Fischerstechen (s. S. 110) anzutreffen ist.

Die südlich des Zundeltors angrenzenden Straßen lohnen einen Spaziergang. In diesem gemütlichen Viertel mit dem Namen „Auf dem Kreuz" geht es ruhig und gemächlich zu und die hübschen Häuschen bieten schöne Fotomotive.

Neben dem am Seelgraben gibt es noch weitere Grabenhäusle, die man erreicht, indem man der Mauer in Richtung Westen folgt. Beim Fotografieren sollte man sich sehr zurückhalten und den Bewohnern der Häuser nicht allzu sehr ins Wohnzimmer schauen, es handelt sich aber um einen öffentlichen Weg, sodass ein Besuch hier keinesfalls verboten ist.

⌂ *Blick auf den Zundelturm* ❽
am Ende der Grabenhäusle

❾ Zeughaus ★ [E3]

Ein weiteres gutes Beispiel für den ehemaligen Reichtum und das Selbstbewusstsein der Ulmer ist das Zeughaus, das optisch ein wenig dem Kornhaus ❺ gleicht. Der Bau (vermutlich aus dem 15. Jh.) wurde im Laufe der Geschichte mehrfach erweitert. Nachdem es zunächst hauptsächlich als Lagerstätte für die Bedürfnisse des Militärs gedient hatte, fungierte es nach dem Ende der Reichsunmittelbarkeit – also der Zeit, in der man keinem Landesfürsten, sondern direkt dem Reich unterstand – der Stadt bis zum Ende des Ersten Weltkriegs als Kaserne.

Zeitweise war hier aber auch die **Ulmer Münze** untergebracht. Ulm hatte das Recht, eigenes Geld in Umlauf zu bringen. Nicht nur deshalb hieß es in der Frühen Neuzeit oft „Venediger Macht, Augsburger Pracht, Nürnberger Witz, Straßburger Geschütz und Ulmer Geld regiert die Welt". Als Ulm während des **Spanischen Erbfolgekriegs** Anfang des 17. Jh. von französischen Truppen besetzt war, entstanden die berühmten quadratischen **Ulmer Klippen**, Münzen mit einer ungewöhnlichen Form, die man heute unter anderem noch als Souvenirs und im Schwörhaus ⓱ begutachten kann. Sie konnten die Franzosen letztlich in monetärer Hinsicht „besänftigten", aber durch den hohen Beitrag, den die Bürger leisten mussten, um die Besatzer auszuzahlen, wurde der Stadt letztlich ein wirtschaftlicher Schlag versetzt, von dem sie sich nie wieder richtig erholen sollte.

Ursprünglich war das Gebäudeensemble noch wesentlich größer und umfasste auch das **Alte Zeughaus**, aber nur der im Zweiten Weltkrieg

verschonte Teil des Komplexes wurde in den späten 1970er-Jahren restauriert. Dazu gehört das **Neue Zeughaus**, der heutige Barock-Bau. Besonders hervorzuheben sind die vielen **Fensterläden** auf der Dachfläche, die die Stadtfarben zieren. Aber auch die Fassaden des gesamten Komplexes sind mehr als sehenswert. Zu bestaunen sind unter anderem das königlich württembergische Wappen und eine Sonnenuhr. Im Innern finden heute im sehenswerten **Löwenbau** gelegentlich Veranstaltungen statt.

Neben dem Gebäude erinnert der bronzene **Einsteinbrunnen** aus dem Jahr 1984 an den berühmtesten Sohn der Stadt. Dargestellt sind eine Rakete, Sinnbild für Fortschritt und die gleichzeitige Bedrohung durch die Technik, und darüber ein Schneckenhaus, das Weisheit und Ruhe symbolisiert. Aus diesem wächst der frech die Zunge herausstreckende Einstein heraus.

❯ Am Zeughaus

⌃ *Ausdruck patrizischen Selbstbewusstseins: das Zeughaus* ❾

❿ Gänsturm ★ [E3]

Wie ein einsamer Wächter wirkt der Gänsturm heute, der sich nur ca. 200 Meter Luftlinie von der Grenze zwischen Baden-Württemberg und Bayern befindet. Zwar hat er als **ehemaliges Stadttor** genau wie sein Pendant, der Metzgerturm ㉑, im Laufe der Jahrhunderte einiges an Bedeutung eingebüßt, aber früher wurden durch das Tor die Gänse aus der Stadt getrieben, um weiter östlich nach Futter zu suchen.

Mit einer Höhe von 37,5 Metern kann man den Turm auch von Neu-Ulm aus gut erkennen, wobei die Blicke zumeist natürlich auf das Münster fallen.

Der **Erbiskasten** jenseits des Turms ist ein weiterer wunderschöner Brunnen. Er entstand im 17. Jh. und wurde in der Zwischenkriegszeit an seinem heutigen Ort aufgestellt.

⓫ Judenhof ★ [D4]

Bis 1499, als die Juden aus der Stadt vertrieben wurden, schlug hier das Herz des jüdischen Lebens in Ulm. Neben einer Synagoge befanden sich hier u. a. eine Schule, eine Mikwe und eine Frauensynagoge. Heute ist der Platz unweit des Ulmer Münsters ein beliebter Treffpunkt und im

Ulm, deine Partnerstädte

Wie keine andere deutsche Stadt pflegt Ulm engen Kontakt nach Südosteuropa. Dies drückt sich nicht nur im **Internationalen Donaufest** (s. S. 97) aus, das alle zwei Jahre stattfindet, sondern auch in einer großen Anzahl an sog. Donau-Partnerstädten, die alle im erweiterten Donauraum liegen. Teilweise bestehen sogar mehrere Partnerschaften zu Städten im gleichen Land.

Es gibt eine eigene Organisation, das **Donaubüro Ulm/Neu-Ulm,** das eine Vielzahl an kulturellen und sozialen Projekten unterstützt. Im Bereich Tourismus gibt es das Projekt **Transdanube,** das sich mit nachhaltiger Mobilität und Tourismus im Donauraum befasst. Auf der Website kann man sich nicht nur über seine Arbeit informieren, sondern findet u. a. auch leckere Rezepte aus dem Donauraum.
❯ www.donaubuero.de

Sommer ein **lauschiger Platz,** auf dem man in Lokalen wie dem Bossa Nova (s. S. 88) abends herrlich im Freien sitzen und die Seele baumeln lassen kann.

Am westlichen Ende steht ein **Neptunbrunnen** aus dem späten 17. Jahrhundert. Das ursprünglich steinerne Auffangbecken wurde im 19. Jh. durch ein gusseisernes ersetzt. Vor einigen Jahren wurde das Hinterteil Neptuns in einer aufsehenerregenden Aktion eingehäkelt, was immerhin dafür sorgte, dass der Meeresgott es im Winter schön warm hatte …

◁ *Neptun wacht strengen Blickes über den Judenhof* ⓫

Südliche Altstadt

⓬ Kunsthalle Weishaupt ★★   [D4]

Die Kunsthalle ist Teil der Neuen Mitte (s. S. 32). Sie entstand von 2005 bis 2007 unter der Leitung des Stararchitekten **Wolfram Wöhr** und komplettierte das Viertel als letztes Puzzlestück. Wöhr zeichnete auch für den gläsernen Übergang zum Ulmer Museum ⓭ verantwortlich. Um die durchdachte Konstruktion, die aufgrund ihrer markanten Architektur auch Gegner hatte, in Gänze zu begutachten, muss man die 768 Stufen des Münsterturms (s. S. 23) hinaufsteigen, denn erst von dort sind die zwei ineinander verschobenen Kuben zu erkennen, die die Kunsthalle ausmachen.

Ihren Namen haben die Ausstellungsräume vom Mäzen und Unternehmer **Siegfried Weishaupt,** der hier als Bauherr fungierte. Die Sammlung des Ehepaars Weishaupt umfasst über **400 moderne Werke,** darunter Arbeiten solch herausragender Künstler wie Warhol oder Lichtenstein. Der Fokus liegt auf Popart und die Ausstellungsstücke wechseln gelegentlich, sodass sich ein Besuch nach einigen Monaten erneut lohnen kann. Die teils sehr großen Werke sind auf zwei Stockwerken angeordnet und bieten dem Betrachter die Möglichkeit, sie aus verschiedenen Perspektiven und Abständen zu betrachten.

❯ Hans-und-Sophie-Scholl-Platz 1, www.kunsthallenweishaupt.de, Tel. 0731 1614360, geöffnet: Di.–So. 11–17, Do. bis 20 Uhr, Eintritt: 6 €, ermäßigt 4 €, Familien 11 €, Kinder bis 14 Jahre frei, Kombiticket mit Ulmer Museum ⓭: 10 € (ermäßigt 7,50 €, Familien 18 €), freier Eintritt mit UlmCard

Ulms „Neue Mitte": Städtebau mit Augenmaß

Nach den starken Zerstörungen, die Ulm im Zweiten Weltkrieg durchlebt hatte, wurde die Donaustadt, genau wie viele andere deutsche Innenstädte, in der Nachkriegszeit Opfer allzu pragmatischer Städtebauarchitektur, bei der es weniger um Ästhetik und vielmehr um Autofreundlichkeit ging. Wie ein Schwert durchschnitt die Neue Straße die Altstadt und trennte das Münster vom Fischerviertel und dem Rathausplatz ab. Zu Beginn der 2000er-Jahre war der Zeitpunkt gekommen, Ulms Zentrum neu zu gestalten und so entstanden einige schmucke neue Bauten wie die Kunsthalle Weishaupt ⓬, das markante Sparkassen-Gebäude und das einmalige Parkhaus (s. S. 114) rund um den Geschwister-Scholl-Platz. Auch der „Red Dog for Landois" des Pop-Art-Künstlers Keith Haring findet sich hier, eine markante Skulptur, die ein wenig an eine Schere erinnert und somit in etwa das symbolisiert, was die Straße aus der Nachkriegszeit für Folgen für die Altstadt hatte. Ob das vom Künstler beabsichtigt war, sei an dieser Stelle dahingestellt. Im Schatten des Rathauses ist sie ein weiterer Beleg dafür, wie gut in Ulm Neues und Altes zusammenpassen können. Den Kindern, die hier im Sommer versuchen, auf die Füße des Hundes zu steigen (was im Übrigen nur selten gelingt), dürfte das aber herzlich egal sein.

Fast rührend geben die Autofahrer nun auf die Fußgänger acht, die von einem Teil der Altstadt in den anderen möchten, was früher nicht immer so war … So ganz ist die Brücke zwischen südlicher und nördlicher Altstadt zwar noch immer nicht geschlagen, aber das Münster scheint dem Rathaus wieder ein Stückchen nähergekommen zu sein.

022ul-mt

⓭ Ulmer Museum ★★★ [D4]

Der Eingang zum Ulmer Museum gegenüber dem Rathaus ⓮, das in einem **Patriziergebäude** aus dem 16. Jh. untergebracht ist, befindet sich etwas versteckt um die Ecke des Gebäudes. Die etwas unübersichtlich angeordnete Dauerausstellung bietet auf 4000 m² Ausstellungsfläche beeindruckende Einblicke in die Geschichte der Stadt, moderne Meisterwerke und mittelalterliche Kunst. Highlights der Ausstellung sind aber der mysteriöse Löwenmensch und mehrere historische Stadtmodelle.

Das Museum verfügt über einen schönen **Renaissancehof.** Im Erdgeschoss werden meist Wechselausstellungen gezeigt, die Dauerausstellung findet man im 1. bis 3. Obergeschoss. Die Räume im zweiten Obergeschoss sind teilweise sehr kunstvoll gestaltet und lassen die Pracht der ehemaligen Reichsstadt Ulm erahnen. Auf dem Dach befindet sich zudem ein **Skulpturenhof,** von dem man allerdings nur einen eingeschränkten Blick auf die umliegenden Gebäude hat.

Die **Orientierung** in dem Gebäude mit den zahlreichen Treppen und dem zentralen Aufzug fällt nicht eben leicht, auch der Plan des Museums hilft hier nur bedingt. Das macht aber gleichzeitig den besonderen Reiz des Ortes aus, denn während man in einem Raum moderne Kunst erleben kann, erwartet den Besucher einen Raum weiter wieder ein völlig anderer Einblick. Wer sich mit der museumseigenen App (s. S. 118) eingedeckt hat, bekommt aber eine gute Hilfestellung. Man sollte sich ansonsten einfach treiben lassen und versuchen, nichts auszulassen, denn das wäre angesichts der Fülle an teils

sehr exotischen Ausstellungsstücken wie der weltweit ältesten Schnitzwerke und Textilarbeiten Westafrikas sehr schade.

In den Schatten werden alle anderen Exponate aber vom **Löwenmensch** gestellt. Er wurde vor 30.000 Jahren aus einem Mammutzahn gefertigt, ist ein gleichsam mysteriöses wie eindrucksvolles Glanzlicht des Museums und zieht Wissenschaftler seit Jahrzehnten in seinen Bann. Bei Ausgrabungen in der Stadel-Höhle auf der Schwäbischen Alb wurden 1939 mehrere Schnitzarbeiten aus Mammutzahn gefunden, deren Bedeutung man nicht recht einschätzen konnte. So landeten die Fundstücke zunächst in einer Kiste, um erst viele Jahre später wieder herausgeholt zu werden. Als man die Überreste zusammensetzte, entstand eine etwa 30 cm große Figur, die eine Mischung aus einem Mann und einem Löwen darstellt und eine archäologische Sensation bedeutete, handelt es sich bei ihr doch um die erste Tier-Mensch-Figur der Geschichte. Die erste plastische Menschendarstellung kann man übrigens bei einem Ausflug nach Blaubeuren im **Urgeschichtlichen Museum** (s. S. 63) bestaunen.

Über einen gläsernen Steg erreicht man die Kunsthalle Weishaupt ⓬, in der moderne Kunst gezeigt wird.

❯ Marktplatz 9, Tel. 0731 1614330, Facebook: ulmermuseum, http://loewen mensch.de, geöffnet: Di.–So. 11–17 Uhr, Do. Sonderausstellungen bis 20 Uhr geöffnet, Eintritt: 5,50 €, ermäßigt 3,50 €, Familien 8 €, Kinder bis 14 Jahre frei, Kombiticket mit Kunsthalle Weishaupt ⓬: 10 € (ermäßigt 7,50 €, Familien 18 €), freier Eintritt mit UlmCard. Erhöhter Eintrittspreis beim Besuch von Museum und Sonderausstellungen.

023uI-fo©Leonid_Andronov

🔴 Rathaus ★★★ [C4]

Das wunderschöne Ulmer Rathaus darf bei keinem Besuch ausgelassen werden. Seine berühmte astronomische Uhr und die pittoresken Fresken aus der Frührenaissance machen es nach dem Münster zur vielleicht bekanntesten Sehenswürdigkeit der Stadt.

Das Gebäude auf dem Marktplatz wurde im 14. Jahrhundert erbaut und später verschönert. Zunächst war hier das Kaufhaus untergebracht, erst ab Anfang des 15. Jahrhunderts spricht man vom Ulmer Rathaus. Die Verbindung von Stadtverwaltung und Kaufmannschaft ist für die damalige Zeit nicht ungewöhnlich, beschränkte sich allerdings nur auf die Anfangszeit des Baus. Später brannte er nach einem Bombenangriff aus.

Die **Wappen** unterhalb des Giebels an der Südseite zeigen Städte, Länder und Regionen, die mit Ulm Handelsbeziehungen unterhielten. Darunter zeigt ein **Fresko einer Zille** (s. S. 11), wie wichtig Ulms Flüsse für die Entwicklung der Stadt waren. Die Giebelfiguren darunter stellen **sechs Kurfürsten** dar, denen damals das Recht oblag, den deutschen König zu wählen.

An der Ostseite ist die **Astronomische Uhr** aus dem Jahre 1581 zu sehen, die eine technische Meisterleistung ihrer Zeit darstellt. Sie verfügt über 14 Funktionen und kann unter anderem Tierkreiszeichen, den Stand der Sonne und des Mondes und sogar Sonnenfinsternisse anzeigen – nur für einen Minutenzeiger scheint es nicht gereicht zu haben, aber hier bietet der kleine Zeitmesser weiter oben Abhilfe. Wer sich intensiver mit der Uhr beschäftigen möchte, findet unter http://basis.ulm.de/Astro_Uhr/Astronomische_Uhr.html eine virtuelle Uhr, die nicht nur die unterschiedlichen Ereignisse anzeigt, sondern mit der man auch per Zeitraffer durch die Jahrhunderte wandern kann.

⌂ Die Malereien an der Fassade des Ulmer Rathauses zählen zu den schönsten in Süddeutschland

Eine echte Augenweide sind die **Fresken** unterhalb der astronomischen Uhr, die biblische Szenen zeigen und beispielhaft für Sünden und Tugenden stehen. Welchen Eindruck diese Bildsprache auf die Ulmer Bürger gehabt haben muss, wird deutlich, wenn man bedenkt, dass damals nur ein Bruchteil der Ulmer lesen konnte.

Im **Innern** des Gebäudes ist heute unter anderem Berblingers Segelflugapparatur (s. S. 42) zu sehen, unten befindet sich zudem ein Restaurant. Das Rathaus kann zwar „besichtigt" werden, da sich hier immer noch der Sitz der Stadtverwaltung befindet, allerdings ist es innen weit weniger schön als außen.

Der **Fischkastenbrunnen** vor dem Rathaus wird – genau wie der Christophorusbrunnen auf dem Weinhof – einem der beiden genialen Baumeister Syrlin zugeschrieben, die unter anderem auch am Chorgestühl im Münster mitwirkten. Er zeigt drei Ritter mit drei Symbolen: das Wappen Ulms, den Reichsadler und das reichsstädtische Wappen. Der Brunnen erinnert stark an einen Kirchturm und drückt den ganzen Stolz der freien Reichsstadt aus.

❯ geöffnet: Mo. – Do. 8 – 18, Fr. 8 – 14 Uhr (Öffnungszeiten der Stadtverwaltung)

⑮ Stadtbibliothek ★   [C4]

Die Stadtbibliothek ist eines der wenigen modernen Ulmer Gebäude, die die ansonsten mittelalterliche Silhouette der Stadt beim Blick von Neu-Ulm aus prägen. Der charakteristische, 35 Meter hohe Pyramidenbau

▣ *Kontrovers diskutiert: der moderne Bau der Stadtbibliothek inmitten der Altstadt*

wurde 2004 eröffnet und erregt seitdem die Gemüter der Stadtbewohner, deren Mehrheit modernen Projekten wie diesem oder dem Stadthaus ❸ nicht unkritisch gegenüberstehen. Im Internet wird die Pyramide daher schon mal als „schönste Bausünde Deutschlands" bezeichnet.

Im 2. Stock wird jeden Monat ein besonderes historisches Buch ausgestellt. Im 5. Stock, der über die schöne rote Wendeltreppe zu erreichen ist, wartet ein **Lesecafé** auf Kundschaft. Hier genießt man einen atemberaubenden Blick auf das Münster und kann kostenlos Tageszeitungen lesen.

❯ Vestgasse 1, www.stadtbibliothek.ulm. de, Tel. 0731 1614140, geöffnet: Di. – Fr. 10 – 19, Sa. 10 – 14 Uhr, kostenloser Internetzugang verfügbar

⑯ Synagoge ★   [C4]

Seit 2012 besitzt die jüdische Gemeinde von Ulm endlich wieder ein Gotteshaus. Der beeindruckende Bau auf dem Weinhof dient der orthodox orientierten jüdischen Gemeinde nicht nur als **Gebetsstätte**, sondern beinhaltet auch ein **Ritualbad** (Mikwe), eine eigene **Bibliothek** und einen **Kindergarten**.

024ul;mb

Jüdisches Leben in Ulm

Jüdisches Leben ist in Ulm bereits für das Mittelalter nachweisbar. 1499 wurden die Juden auf einen Erlass des Kaisers hin aus der Stadt vertrieben und erst im 19. Jh. kam es wieder zur Bildung einer nennenswerten Gemeinde. Kurz vor Ausbruch des Ersten Weltkriegs stellten die Juden immerhin 1 % der Stadtbevölkerung. Zur damaligen Zeit verfügten sie neben einer Synagoge und einem Friedhof auch über eine eigene Schule und ihnen unterstanden auch die kleinen Gemeinden in Heidenheim, Neu-Ulm und Herrlingen.

1933 zählte die Gemeinde gut 500 Mitglieder, aber aufgrund der rechtlichen wie sozialen Ächtung zogen viele Juden aus Ulm weg, auch unter Zwang. Bei Kriegsausbruch lebten nur noch wenige Menschen jüdischen Glaubens in der Stadt. Viele kamen in verschiedenen Konzentrationslagern ums Leben.

Heute wird an vielen Orten der jüdischen Gemeinde und ihrer Mitglieder gedacht. In der Bahnhofstraße erinnert ein Denkmal an das ehemalige Geburtshaus Einsteins, des berühmtesten jüdischen Ulmers [A3].

Im Zuge der Novemberpogrome 1938 wurde die Alte Synagoge zerstört und nach dem Krieg lebten nur noch wenige Juden in Ulm. Erst mit dem Zusammenbruch der Sowjetunion blühte die Gemeinde wieder auf, als viele Juden aus dem Osten in die Stadt kamen. Die Gemeinde richtete zunächst einen Gebetssaal in der Neutorstraße ein, der aber bald nicht mehr den Anforderungen genügte. Die Einweihung des Synagogen-Gebäudes erfolgte zu Chanukka 5773 (2012).

❯ Eine Besichtigung ist nur für Gruppen und nach vorheriger Anmeldung unter irgw.ulm.synagogenfuehrung@gmail.com möglich. Allerdings bietet auch die VHS Ulm in unregelmäßigen Abständen Führungen an. Nähere Infos unter www.vh-ulm.de (dort in der Suchmaske Exkursionen oder Synagoge eingeben).

⑰ Schwörhaus ★★   [C4]

Die Ulmer haben ihr Münster, ein wunderbares Rathaus und die Bundesfestung – aber ein Bau liegt ihnen wie kaum ein anderer am Herzen, symbolisiert er doch den Stolz des alten Ulm und ist zugleich Sinnbild einer ur-ulmischen Tradition, die hier jedes Jahr Tausende Schaulustige anzieht.

Im 14. Jahrhundert herrschte in Ulm ein heftig ausgefochtener Konflikt um Macht und Geld. Die Zünfte, die immer wohlhabender wurden, wollten ihren Einfluss auch in politischer Hinsicht ausüben und ihre Stellung gegenüber dem Patriziat verbessern.

025ul-IRGW

◁ *Die Neue Synagoge beeindruckt durch ihre teils schlichte, teils filigrane Fassade*

1311 sollen hier die Zunftmeister nach einer Falle, die ihnen der Bürgermeister gestellt hatte, kaltblütig ermordet worden sein. Nach einem langen Konflikt schloss man 1345 Frieden und der „Kleine Schwörbrief" wurde aufgesetzt, der von Bürgermeister, Stadtrat und Bürgerschaft fortan jedes Jahr gegenseitige Treueschwüre verlangte.

Der schöne Brauch existierte zunächst nur bis 1396, als es erneut zu Auseinandersetzungen kam, aus denen die Zünfte gestärkt hervorgingen. Ein Jahr später wurde der „Große Schwörbrief" aufgesetzt, der die neue Macht der Zünfte sicherte. Seitdem wird der **Schwörmontag** (s. S. 97) begangen und zwar genau an dem Ort, an dem sich einst die alte Königspfalz befand und somit der Kern des alten Ulm. Zunächst erfolgte der Schwur in dem sogenannten „Schwörhäuslein", nach seinem Abriss 1612 entstand hier ein richtiges „Schwörhaus" – und das zu einem Zeitpunkt, als der Konflikt bereits längst nicht mehr bestand. 1785 wurde der ursprüngliche Giebel bei einem **Feuer** zerstört. Nur wenige Jahre später installierte man einen neuen mit dem charakteristischen Glockentürmchen, wie es heute noch zu sehen ist.

Der Schwörtag wurde zunächst wieder abgeschafft, anschließend aber vom Kaiser wieder gestattet, worauf nun die Bevölkerung den Patriziern feierlich ihre Gefolgschaft zusichern musste. Nach dem Ende des Status' als Freie Reichsstadt im Jahr 1802 war es zunächst wieder vorbei mit dem Schwören, schließlich war man von nun an nicht mehr frei, sondern unterstand den bayerischen Kurfürsten, die eilends den **Balkon** des Schwörhauses abbrachen, um ihre neue Herrschaft über die Stadt zu verdeutlichen. Wiederbelebt wurde der Brauch von den **Nationalsozialisten,** die den Feiertag für ihre Zwecke missbrauchten. Nachdem das Haus im Krieg zerstört worden war, fand man nach dessen Wiederaufbau Reste der alten Siedlung auf dem Weinhof, die bis ins 9. Jh. zurückreichten.

Seit 1949 steht nun wieder der Bürgermeister auf dem Balkon des Schwörhauses und leistet den berühmten **Eid**, „Reichen und Armen ein gemeiner Mann zu sein in allen gleichen, gemeinsamen und redlichen Dingen ohne allen Vorbehalt". Und im Anschluss zeigen die Ulmer, dass sie nicht nur vom Schwören, sondern auch vom Feiern allerhand verstehen …

Seit mehr als 100 Jahren ist im Schwörhaus unter anderem das **Haus der Stadtgeschichte** untergebracht, das im Gewölbesaal eine Ausstellung zur Geschichte Ulms beherbergt. Die kostenlos zugängliche Ausstellung lohnt insbesondere zu Beginn eines Ulm-Aufenthalts einen Besuch, da sie einen guten, kompakten Einblick in die Stadthistorie bietet. Unter anderem werden Originaldokumente und ein schönes Modell des Weinhofs in seiner Gestalt vor dem Ersten Weltkrieg gezeigt.

Auf dem Platz vor dem Schwörhaus befindet sich ein Brunnen mit einer gotischen **Christophorusstatue,** die nicht zufällig an ähnliche Abbildungen im Münster erinnert, stand sie doch früher selbst in einer heute nicht mehr existierenden Kirche. Schräg gegenüber dem Haus ist heute Ulms jüdische Gemeinde zu Hause.

❯ Haus der Stadtgeschichte, Weinhof 12, Tel. 0731 1614200, geöffnet: Di.–So. 11–17 Uhr, Mo. und feiertags geschlossen, Eintritt: frei

⓲ Fischerviertel ★★★ [C5]

Das Gebiet rund um die Kleine und Große Blau zieht Besucher vor allem wegen seiner pittoresken Fachwerkhäuser an, die eindrucksvoll veranschaulichen, wie wenig Platz man benötigt, um sich ein kleines Idyll zu schaffen. Auch heute noch wohnen hier, wo früher Gerber, Müller und natürlich Fischer ihr Zuhause hatten, Ulmer, die es sich leisten können und die sich nicht an den vielen Touristen stören.

Die **herausragenden Giebel** vieler Häuser haben übrigens steuerliche Gründe, denn für ein Haus mussten nur so viele Steuern bezahlt werden, wie die Wände auf dem Boden an Grundfläche ausmachten, nicht aber die Bebauung weiter oben – in Ulm war man schon immer sehr sparsam. Die Stadt schob dem allzu bunten und statisch betrachtet nicht eben optimalen Treiben aber im Laufe der Zeit den Riegel vor. Fortan durften die oberen Stockwerke nur noch eine Balkenbreite über die Grundfläche hinausragen.

In baulicher Hinsicht kann das Fischerviertel mit einigen Highlights aufwarten, ist aber insbesondere als **Gesamtkunstwerk** von Bedeutung. Aus den vielen Gebäuden stechen besonders die Lochmühle (Restaurant zur Lochmühle, s. S. 81), das Schiefe Haus ⓳ und das Fischerplätzle ⓴ heraus. Man ist aber gut beraten, hier den Stadtplan beiseite zu legen, und sich einfach durch das Gassengewirr treiben zu lassen, um den Geist des alten Ulm zu spüren.

⓳ Schiefes Haus ★★ [C5]

Als „**schiefstes Hotel der Welt**" wird das im unübersehbaren Schiefen Haus befindliche Gasthaus gern bezeichnet und hat es damit bis in **Guinness-Buch der Rekorde** geschafft! Das Gebäude entstand in seiner heutigen Form 1406 auf einem Untergrund aus Kies, seine Geschichte reicht aber bis ins 13. Jh. zurück. Da der Bau an seiner Südseite immer wieder durch das Wasser der Blau aufgeweicht wurde, sackte die Südfassade im Laufe der Jahre immer weiter ab. Betonfundamente, die Ende des 19. Jahrhunderts

eingezogen wurden, verhinderten ein weiteres Einsinken, sonst dürfte das Haus wohl heute auch den Titel „Ulms einziges Unterwasserhotel" tragen.

Das einzige, was von außen gerade zu sein scheint, sind die Fensterläden. Im Innern allerdings ist bewusst alles so angeordnet, dass man in dem 1995 eingerichteten Hotel gemütlich waagerecht schlafen und speisen kann, denn nur das Haus ist schief, nicht aber dessen Einrichtung. Dies zeigen auch Wasserwaagen, die in den Betten der 11 Zimmer verarbeitet sind.

1996 wurde das Gebäude mit dem begehrten **Denkmalpreis** des Landes Baden-Württemberg ausgezeichnet und nur ein Jahr später erfolgte der Eintrag ins Guinness-Buch der Rekorde. **Führungen** durch das Haus werden nach telefonischer Reservierung sonntags angeboten (Uhrzeit variabel, Kosten: 10 € inkl. Kaffee und Kuchen). Hierbei erhält man interessante Einblicke in die Geschichte des Hauses.

› Schwörhausgasse 6, www.hotelschiefes hausulm.de, Tel. 0731 967930

⑳ Fischerplätzle ⭐ [C5]

Rund um den kleinen idyllischen Platz gruppieren sich einige interessante Gebäude. Das **Zunfthaus der Schiffleute** (s. S. 79) beherbergt ein Restaurant mit guter regionaler Küche, in dessen Obergeschoss zudem die Utensilien für das beliebte Fischerstechen (s. S. 110) aufbewahrt werden. Im Sommer kann man im kleinen Biergarten direkt an der alten Stadtmauer das selbst gebraute Bier probieren. Schräg gegenüber

▱ *Das Schiefe Haus* ⑲
macht seinem Namen alle Ehre

◁ *Ein Paradies für alle, die sich
entspannen wollen: das Fischerviertel*

028ul-mb

fällt sofort eine alte **Stadtansicht von Belgrad** ins Auge, die die Außenwand des **Schönen Hauses** (Fischergasse 40) ziert. Das Bild zeigt, wie weit die Ulmer Waren mit den berühmten Zillen (s. S. 11) einst geschifft wurden.

㉑ Metzgerturm ★ [C5]

Mit einer **Neigung von 3,3°** Richtung Südwesten ist der 1349 errichtete Metzgerturm nur unwesentlich weniger schief als der berühmte Turm von Pisa. Einst war er Teil der Stadtbefestigung, deren Reste heute die Flaniermeile der Ulmer bilden.

Der 36 Meter hohe Turm bildete eines der Stadttore und um ihn ranken sich viele **Legenden:** Eine von ihnen besagt, dass der Turm deshalb so schief sei, weil die dicken Metzger die Ulmer betrogen hatten und zur Strafe in den Turm gesperrt wurden, wo sie sich vor Angst in einer Ecke versteckten, was sich nachteilig auf die Statik des Gebäudes auswirkte. Vermutlich war es aber einfach der wasserreiche Untergrund am Donauufer, der für die Absenkung des Gebäudes verantwortlich war ...

㉒ Grüner Hof und Minnesängersaal ★★ [D4]

Der Grüne Hof gilt als einer der **ältesten Siedlungsorte** in Ulm. Bei Ausgrabungen wurden Häuserreste und Fundamente gefunden, die auf eine Besiedlung im 11. Jahrhundert schließen lassen. Einst trug der Hof den Namen Reichenauer Hof, benannt nach dem berühmten Bodensee-Kloster, das hier einen Ableger unterhielt.

Im nordwestlichen Teil des Ensembles, am Ochsenhäuser Hof, schließt sich die kleine **Nikolauskapelle** an, die durch das Tor betrachtet werden kann. Sie ist klein und dunkel, aber man kann noch gut die etwas verwitterten Fresken und die gotischen Spitzbögen erkennen, die im Deckengewölbe zusammenlaufen. Ab 1646 befand sich hier der städtische Sandstadel.

⌂ Mit solchen prächtigen Fresken wie denen im Minnesängersaal kann wohl kaum ein anderes Amtsgebäude mithalten

Highlight des Hofs ist der **Minnesängersaal**, der um 1370/1380 entstand. Er birgt einige meisterhaft gestaltete Fresken und gilt als einer der bedeutendsten Säle seiner Art in Süddeutschland. Er befindet sich im Ostflügel des Grünen Hofs und gehört heute zu den Räumen des Hochbauamts. Neben den Wappen lokaler Familien schmücken das beeindruckende Gewölbe auch Bilder des Reichsadlers und Löwen. Auch Zeichnungen von Weisen und Liebenden werden gezeigt – das Wort „Minne" bedeutet Liebe. Die Schöpfer des Saals wollten die **weltliche und die geistliche Komponente der Liebe** zeigen. Als Besucher sollte man nach dem Affen Ausschau halten, der im Mittelalter symbolisch für die Unkeuschheit galt. Es handelt sich bei den Wandmalereien um die ältesten Fresken der Stadt und um ein seltenes Beispiel weltlicher Wandbemalung des Spätmittelalters. In dem Gebäude war im 16. Jh. übrigens fünfmal Kaiser Karl V. zu Gast.

Weiterer Blickfang am östlichen Ende des Hofs ist die **Dreifaltigkeitskirche** mit ihrem hübschen Turm, die heute eine Begegnungsstätte beherbergt.

› Minnesängersaal, Grüner Hof 2 (im Hochbauamt), geöffnet: Mo.–Fr. 8–16 Uhr. Um Zutritt zu dem Saal zu erlangen, muss man eine der netten Mitarbeiterinnen im Erdgeschoss des Hochbauamts bitten, die Tür zum Saal aufzuschließen, was eine Besichtigung am Wochenende leider unmöglich macht.

⊡ Der begehbare Teil der Stadtmauer verläuft parallel zur Donau. Von hier startete der Schneider von Ulm (s. S. 42) seinen wahnwitzigen Flugversuch.

㉓ Adlerbastei und Stadtmauer ★ [E4]

Die **Stadtmauer** wurde 1482 errichtet, um die Stadt vor Angreifern zu schützen. Früher befand sich über ihr ein Wehrgang aus Holz, den es seit 1635 nicht mehr gibt. Heute sind nur noch rund 600 Meter der alten Befestigung erhalten. Sie bieten wohl die schönste Möglichkeit, mitten im Stadtgebiet an der Donau entlangzuschlendern bzw. mit dem Rad unterhalb der Mauer entlangzufahren. Bei schönem Wetter kann man hier herrlich vom Fischerviertel ⑱ zur Friedrichsau ㉔ gehen und dabei ein Eis verdrücken. Unterwegs sollte man allerdings kurz an einem **Adlerbastei** genannten Abschnitt der Mauer innehalten, denn hier trug sich vor vielen Jahren Sonderbares zu, als der **Schneider von Ulm** (s. S. 42) versuchte, von hier aus über die Donau zu fliegen. Im östlichen Bereich der Stadtmauer, knapp vor der Adlerbastei, wurde ein schöner **Rosengarten** angelegt, von dem aus man einen schönen Blick auf die Neu-Ulmer Insel ㉜ mit dem Kriegerdenkmal genießt.

029ul.fojoenning

Der „Schneider von Ulm" – ein tollkühner Visionär

Albrecht Ludwig Berblinger (1770-1829), besser bekannt unter dem Namen „Schneider von Ulm", ist nicht erst seit dem gleichnamigen Roman von **Max Eyth** *aus dem Jahr 1906 bekannt, denn in Ulm war er bereits zuvor jedem Kind ein Begriff. Der Roman stellt den Schneider zugegebenermaßen in einem wenig rühmlichen Licht dar, sorgte aber immerhin für eine Steigerung seines Bekanntheitsgrads. Aber wer war der Schneider von Ulm wirklich? Fest steht, dass es sich bei Berblinger um einen* **Flugpionier** *der allerersten Stunde handelte. Mithilfe eines selbst entwickelten Hängegleiters (ein Modell des Apparats befindet sich heute im überdachten Innenhof des Ulmer Rathauses* ⓮ *) versuchte er 1811 von der Adlerbastei* ㉓ *aus, die Donau zu überfliegen – und scheiterte kläglich.*

Der **erste Segelflug eines Menschen** *zeugt von einer Zeit des Aufbruchs und der Austestung des technisch Machbaren. Wie nah Berblinger mit seiner Apparatur am Aufbau heutiger Gleitflie-*

ger lag, ist beeindruckend, besonders wenn man die damaligen technischen Möglichkeiten bedenkt. Heute wird des Schneiders an zahlreichen Orten in Ulm gedacht. Neben dem Modell im Rathaus erinnern eine Figur am Teichmannbrunnen und eine eiserne Gedenkplatte auf der Adlerbastei an den Pionier. Letztere wird von einer stählernen Schere ergänzt, die am Fuß der Bastei auf das andere Donauufer zeigt – nicht mal die Allegorie des Schneiders hat es also ans andere Ufer geschafft. 1986 gelang dies immerhin bei einem Wettbewerb mit einer originalgetreuen Nachbildung von Berblingers Apparatur, die – wie sich mittlerweile herausgestellt hatte – lediglich aufgrund ihrer Thermik den Flug ans andere Ufer nicht schaffte.

☐ *Zeitgenössische Darstellung des Flugversuchs. Auf dem zweiten Bild kann man gut die alte Form des Münsterturms erkennen.*

030ul

1. Berblinger's unglückliches Unternehmen als Luftflieger in seiner Positur. 2. das Ufer der Donau, mit Zuschauer. 3. die glückliche Rettung des Luftflieger's, von den Fischern. 4. Ulm.

Entdeckungen außerhalb der Altstadt

㉔ Friedrichsau ★★ [ef]

Seit über 200 Jahren dient die knapp 2 km lange Friedrichsau den Ulmern als **Naherholungsoase**, aber auch Touristen zieht es zunehmend in den Ulmer Osten, auch wenn gerade keine großen Feste anstehen. Der Name des Areals geht auf den württembergischen König Friedrich I. zurück, da dieser 2000 Gulden zu seiner Verschönerung bereitstellte. 1980 fand hier die erste baden-württembergische **Landesgartenschau** der Geschichte statt.

Das weitläufige Areal verfügt über **drei Seen** und wird rechts von der Donau begrenzt. Hier finden sich eine Minigolfbahn, Spiel- und Sportplätze, ein Kräutergarten, Restaurants mit Biergärten, ein Hotel und viele Infosteine zu den einzelnen Bäumen. Vor allem gibt es hier aber eins: Entspannung pur – zumindest, wenn nicht gerade das Ulmer Zelt (s. S. 97) oder das Volksfest (s. S. 98) anstehen.

Am besten, man tut es hier den Ulmer gleich und schlendert gemütlich durch den Park, schaut den Enten beim Quaken zu, isst ein Eis und schlendert anschließend durch den Tiergarten ㉕.

Am südlichen Ende der Friedrichsau steht übrigens das Donau-Stadion, Heimat des ehemaligen Fußball-Bundesligisten SSV Ulm (s. S. 122).
❯ http://friedrichsau-ulm.de

▱ *Ein Paradies für Spaziergänger: die Friedrichsau*

㉕ Tiergarten ★ [ef]

Bereits 1935 wurde hier ein Tiergarten eröffnet, der allerdings nach einem Brand im Jahr 1961 geschlossen und anschließend umgestaltet wurde. Anlässlich der Landesgartenschau 1980 wurde dem Zoo dann ein neues Tropenhaus spendiert. Auch in der Folge kam es immer wieder zu kleineren und größeren Erweiterungen, sodass der Tiergarten heute vielleicht nicht mit der Stuttgarter Wilhelma mithalten kann, aber dennoch gerade für jüngere Besucher ein durchaus lohnendes Ausflugsziel darstellt.

Los geht es mit einem Gang durch einen **Glastunnel**, der ganz von Wasser umgeben ist und in dem die Fische dem Besucher über den Kopf schwimmen, in das kleine **Aquarium** des Zoos. Hier sind neben Fischen auch andere Wasserbewohner wie Schildkröten und Korallen zu sehen. Nebenan haben **Reptilien** und **Amphibien** ein Zuhause gefunden.

Bella Italia trifft Ulmer Gemütlichkeit

Die Hundskomödie in der westlichen Friedrichsau ist ein **Lokal mit schönem Biergarten,** der insbesondere im Sommer sehr beliebt ist. Unter den Schatten spendenden Bäumen genießt man eine wagenradgroße Pizza oder einen Eisbecher, aber auch Pasta- und Fischgerichte stehen auf der Karte. Das Lokal kann auf eine über 200-jährige Tradition zurückblicken und war früher Klubmitgliedern vorbehalten: Die Hundskomödie war früher nämlich eine Erholungsgesellschaft.

◷2 [ef] **Hundskomödie** €–€€€, Friedrichsau 7, www.hundskomoedie.de, Tel. 0731 9458414, geöffnet: April–Sept. Mo.–Sa. 10.30–22.30, So. und feiertags 10.30–22 Uhr, Okt.–März Di.–Sa. 10.30–22.30, So. und feiertags 10.30–22 Uhr (laut Angaben des Wirts gelegentlich abweichende Öffnungszeiten im Winter)

☑ *Die Hundskomödie ist im Sommer immer gut besucht*

032ul-mt

Besonders schön ist das **Tropenhaus,** in dem eine angenehme Temperatur herrscht. Hier wohnen auch einige neugierige Affen, die Besuchern gegenüber sehr aufgeschlossen sind. Neben dem Tropenhaus befindet sich ein kleines Bistro. Man ist nun bereits im Freigehege und muss ein wenig aufpassen, will man nicht über einen Pfau oder dessen Nachwuchs stolpern. In der schönen Freianlage leben – allerdings hinter Zäunen – **Kängurus,** etwas scheue **Bären** (Fütterung Di.–So. 15.30 Uhr), freche Strauße und neugierige Rehe. Alles ist ideal in die Friedrichsau eingebettet und es gibt viele sehr schöne Pflanzen und Bäume zu bewundern, vor allem Kinder kommen hier voll auf ihre Kosten.

❯ Friedrichsau 40, Anfahrt: Straßenbahn bis Donauhalle, www.tiergarten.ulm.de, Tel. 0731 1616742, geöffnet: April–Sept. tägl. 10–18, Okt.–März tägl. 10–17 Uhr, Eintritt: 5 €, ermäßigt 4 €, Kinder (4–14 Jahre) 3 €, Familien 14 €, zwei Eintrittskarten zum Preis von einer mit UlmCard

033ul-mb

26 Wilhelmsburg ★ [cf]

Die Wilhelmsburg bildete einst zusammen mit der sich im Norden anschließenden Wilhelmsfeste das Hauptwerk der Bundesfestung, die Zitadelle. Während sie bis zum Ende des Zweiten Weltkriegs als Kaserne diente, entwickelte sich hier nach dem Krieg eine kleine Stadt der Ausgebombten und Heimatlosen. Heute kann die Anlage einmal im Monat im Rahmen einer Führung besichtigt werden, aber auch ein individueller Besuch von Teilen ist möglich. Insgesamt bietet die Wilhelmsburg vielleicht die beste Möglichkeit, sich die schier unglaublichen Ausmaße der Bundesfestung vor Augen zu führen.

Benannt ist die Festung nach dem württembergischen **König Wilhelm I**. Das 40 ha große Areal zählt zu den **größten Zitadellen Europas** und sollte den letzten Rückzugsort bei einem Angriff auf die Festung darstellen, weshalb man erst einmal ganz schön ins Schwitzen kommt, weil man sich den Berg hinaufquälen muss.

Die quaderförmige Festung ist außen auf drei Stockwerken mit Schieß-scharten ausgestattet, während im Innern in den Kasematten Soldaten untergebracht werden konnten. Die Grundsteinlegung erfolgte im Oktober 1844, damit ist die Wilhelmsburg der **älteste Teil der Bundesfestung**. Hier kam es zwar nie zu Kampfhandlungen, dennoch fanden traurige Ereignisse statt: Als sich die Rote Armee 1944 immer weiter Berlin näherte, wurde eine Fabrik der Firma Telefunken im polnischen Łódź aufgelöst und in die Wilhelmsburg versetzt – mitsamt etwa 1400 **polnischen Zwangsarbeitern**. Infotafeln auf Deutsch und Polnisch erinnern heute am Eingang an ihr Martyrium.

Nach dem Krieg wurde die Wilhelmsburg zu einer Wohnsiedlung für deutsche Flüchtlinge umfunktioniert. Diese Funktion behielt sie bis in die 1960er-Jahre, als hier dauerhaft etwa 4000 Flüchtlinge aus der DDR untergebracht waren. Später ging das Gelände in den Besitz der

Die Wilhelmsburg bildete das Herzstück der Bundesfestung (s. S. 46)

Festungsweg

Ein 12,5 km langer **Rundweg** führt entlang der Bundesfestung Ulm/Neu-Ulm. An zahlreichen Orten wird mit Infostelen über das jeweilige Areal informiert, auch der Weg zur jeweils nächsten Sehenswürdigkeit ist ausgeschildert. Man sollte für die Erkundung festes Schuhwerk mitbringen, denn nicht immer sind die Pfade befestigt, zudem geht es gerade in Ulms Norden häufig auf und ab.

› Infos: www.festung-ulm.de

Die Bundesfestung

*Um sie kommt man in Ulm und Neu-Ulm nicht herum: Die Bundesfestung sollte einst einen **französischen Vormarsch auf Deutschland stoppen**, hatte dann jedoch rasch ausgedient und wurde im Laufe der letzten fast 150 Jahre zu unterschiedlichen Zwecken genutzt. Einst befand sie sich gar auf der Tentativliste der UNESCO und sollte zur Welterbestätte ernannt werden, der Antrag wurde aber wieder zurückgezogen.*

***Deutschlands besterhaltene Festungsanlage** umschloss einst die Städte Ulm und Neu-Ulm und war eine technische Meisterleistung. Noch während des Wiener Kongresses beschlossen einige deutsche Staaten, eine „Bundesfestung" zu errichten, um Süddeutschland vor einer drohenden französischen Invasion zu schützen. Die Idee war es, eine Festung zu schaffen, bei der man aus mehreren Etagen auf die vermeintlichen französischen Angreifer schießen konnte. Entgegen dem bislang üblichen System einzelner Bastionen sollte ein geschlossener Festungsring Ulm und Neu-Ulm schützen. Einzelne, der Hauptfestung vorgelagerte Forts sollten den Angreifer bereits vor Erreichen des Stadtgebiets „abfangen". Die Wilhelmsburg ㉖ und die Wilhelmsfeste bildeten die Zitadelle und hätten als letztes erobert werden müssen.*

*Der endgültige Entschluss zum Bau wurde 1841 auf der Frankfurter Bundesversammlung gefasst. Die **Bauarbeiten** sollten nicht nur zu einem wirtschaftlichen Aufschwung in Ulm führen, das in den letzten Jahrzehnten an Bedeutung verloren hatte, sondern führten auch zur Entstehung ei-*

Bundeswehr über, wurde aber in den 1980er-Jahren von der Stadt aufgekauft, die die Festung sanierte. Heute ist sie vor allem als **Aufführungsort von Konzerten und Musicals** (im Sommer) beliebt, zudem finden sich hier eine Solarfirma und ein kleines Museum, das aber nur im Rahmen der einmal monatlich stattfindenden Führung besichtigt werden kann (dritter So. im Monat, 11 Uhr, kostenlos, Anmeldung nicht erforderlich).

Neben der Festung befindet sich ein kleiner historischer **Aussichtsturm** aus dem Jahr 1907, der nichts mit der Anlage zu tun hat, aber einen guten Blick auf selbige bietet. Der Blick auf dass Münster würde hier oben ebenfalls sehr gut ausfallen, würden nicht einige Bäume im Sommer die Sicht versperren. Vorsicht ist beim Aufstieg geboten, auf den letzten Stufen sollte man den Kopf einziehen.

Am Hang vor der Festung steht ein **Kriegerdenkmal** von 1923, dessen martialische Inschrift Aufschluss über den damaligen Zeitgeist gibt.

› Anfahrt: Bus 7 Richtung Jungingen bis Haltestelle Frauensteige, dann zu Fuß über die Prittwitzstraße zur Anlage

ner neuen Stadt: **Neu-Ulm.** Zwar existierte der Ort bereits auf dem Papier, aber erst die Aufnahme der Bautätigkeiten und die spätere Stationierung von bayerischen Truppen führten zum Entstehen eines Stadtwesens mit einer modernen Infrastruktur.

Die Arbeiten an der Festung wurden 1842 begonnen. Schon sechs Jahre später war ein Großteil der Wallanlage fertiggestellt. Bereits 1848, im Jahr der Revolution, kam es aber zu Finanzierungsengpässen. Der Deutsche Bund hörte schließlich 1866 auf zu existieren, als die süddeutschen Staaten gegen den preußisch dominierten Norden Krieg führten. Im **Kaiserreich** wurde die Festung modernisiert und den **Anforderungen der modernen Kriegsführung** angepasst, die u. a. zusätzliche Forts und Zwerchwälle vorsahen. Es waren nicht mehr einzelne Verteidigungspunkte vorgesehen, sondern lange Fronten, die einfacher zu verteidigen waren. Wie in anderen Festungen dieser Zeit auch, konnte die Bundesfestung nicht an einem einzelnen Punkt durchbrochen werden, sondern musste Stück für Stück erkämpft werden, was einen großen Verteidigungsvorteil bedeutete. Ab 1900 wurde Beton zur Verstärkung eingesetzt, der den bisher verwendeten Kalk- bzw. Backstein ablöste.

Aber der **Niedergang des Festungswesens** war aufgrund des technischen und militärischen Fortschritts nicht mehr aufzuhalten. Nachdem die Festung im Ersten Weltkrieg keine Rolle gespielt hatte, wurden die letzten der Soldaten kurz vor Ausbruch des Zweiten Weltkriegs abgezogen und die Anlage verfiel. Die **Nationalsozialisten** nutzten einen Teil als Konzentrationslager (Fort Oberer Kuhberg **29**).

075ul-mb

Ohne je angegriffen worden zu sein, wurde die Festung nun immer mehr vom Zahn der Zeit zerstört. In den 1960er-Jahren wurde ein Teil abgetragen und seit den 1980er-Jahren wird die Anlage **renoviert.** Heute dienen ihre Überbleibsel verschiedenen Zwecken und man kann an vielen Orten nicht nur Geschichte hautnah erleben, sondern auch herrlich entspannen. Alle Teile der Festung zu beschreiben, würde den Rahmen dieses Buches sprengen, daher erfolgt hier nur eine kleine Auswahl historisch oder architektonisch besonders bedeutender Teile, die aber einen guten Gesamteindruck der Anlage vermittelt. Neben der **Wilhelmsburg 26** und dem **Fort Oberer Kuhberg 29** ist insbesondere auch das **Donauschwäbische Zentralmuseum 30**, das - untergebracht in einem alten Reduit - neben seiner Funktion als Museum auch in architektonischer Hinsicht interessant ist.

❯ www.bundesfestung-ulm.de

035ul-mb

㉗ Botanischer Garten ★ [Faltplan]

Auf dem Eselsberg befindet sich mit einer Fläche von fast 30 ha einer der größten Universitätsgärten des Landes. Beginnen sollte man die Besichtigung im **Gewächshaus** neben dem Biergarten. Hier werden neben wechselnden Ausstellungen zu Themen wie Arten- und Pflanzenschutz gelegentlich auch Kunstwerke ausgestellt, vor allem aber beeindruckt der **Regenwaldbereich** mit seinen zahlreichen Gewächsen und Bewohnern (z. B. Frösche). Auch der Bereich mit heimischen Gewächsen lohnt einen Besuch. Anschließend geht es gegenüber dem Haupteingang den Berg hinunter durch das Metalltor. Im Botanischen Garten gibt es einen sehenswerten **Apothekergarten,** in dem über 500 Pflanzen mit heilsamer Wirkung bestaunt werden können. Hier wird auch gezeigt, wie ähnlich sich Heil- und Giftpflanzen manchmal sehen können. Schautafeln informieren auch darüber, welche Pflanzen bei welchen Beschwerden Anwendung finden.

Ganzjährig kann man mehrmals im Monat an **Führungen** teilnehmen (z. B. eine Nachtführung durch das Gewächshaus, bei der man sich vorkommt, als wäre man im Dschungel). Die Website gibt Auskunft darüber.

› Hans-Krebs-Weg, Anfahrt: Autobahnzubringer, Ausfahrt Universität, dort ausgeschildert, Bus 3, 5 bis „Universität" bzw. „Botanischer Garten", www.uni-ulm.de/einrichtungen/garten, geöffnet: Freiland März–Mitte Okt. tägl. 9–20, Mitte Okt.–Feb. tägl 9–16.30 Uhr, Gewächshäuser März–Mitte Okt. Do. 13–17, So. 14–17 Uhr, Mitte Okt.–Feb. Do. 9–12 und 12.30–15, So. 14–16 Uhr, Eintritt (nur Gewächshäuser) 2 €, bis 14 Jahre frei. Der eigentliche Garten ist kostenlos zugänglich. Biergarten: bei Sonnenschein Mo.–Sa. 10–21, So. 11–2 Uhr, bei Regen wird der Biergarten möglicherweise geschlossen.

034ul-mb

Kunstpfad

Beinahe zeitgleich mit der Auflösung der Hochschule für Gestaltung (HFG, s. S. 73) etablierte sich Ende der 1960er-Jahre die **Universität Ulm**. Baden-Württembergs jüngste Universität weist eine für ihre Zeit typische Architektur auf, die heute als eher nüchtern und kalt empfunden wird. Was sie baulich von anderen Hochschulen aus dieser Zeit unterscheidet, ist der einzigartige **Kunstpfad**, welcher ihr ein freundliches Antlitz verleiht. Ende der 1980er-Jahre wurde die Idee aufgegriffen, Kunst und Wissenschaft miteinander zu verbinden, um auch Nicht-Studierende auf den Campus zu locken und den Studierenden gleichzeitig die Möglichkeit zu bieten, sich in den Pausen zu entspannen. Mit Hilfe lokaler Sponsoren konnten bedeutende internationale Künstler und hoffnungsvolle Talente für das Projekt gewonnen werden.

Für eine Erkundung bietet es sich an, zur Haltestelle „Botanischer Garten" zu fahren und die Straße bis zum Ende zu laufen. Am besten spaziert man einfach durch das Areal rund um die Uni, um einige der Werke anzuschauen und den schönen Blick vom Oberen Eselsberg zu genießen.

› Auf der Seite www.uni-ulm.de/kunst pfad/ue_aus.html lässt sich die Lage aller Objekte nachvollziehen. Mit einem Klick auf die jeweilige Nummer werden zudem Informationen zu den einzelnen Objekten und den Künstlern sichtbar.

◁ *Der Botanische Garten beherbergt viele einheimische und exotische Pflanzen ....*

◁ *... aber auch einige neugierige Bewohner*

28 Klosterhof Söflingen ★ [ah]

Von 1229 bis 1531 bestand das **Barfüßerkloster** in seiner ursprünglichen Form auf dem heutigen Ulmer Münsterplatz ❷. Als der Orden der Franziskaner, der das Kloster bestellte, im Zuge der Reformation die Stadt verlassen musste, ließen sich seine Vertreter im katholischen Söflingen nieder, wo sie im Klarissenkloster aufgenommen wurden. Auch einige Teile des Münsters, die dem Bildersturm hätten zum Opfer fallen sollen, konnten gerettet werden. Die „Stadt in der Stadt" war daher lange so etwas wie eine „katholische Insel", wobei die Katholiken heute auch in Ulm wieder in der Überzahl sind.

1775 wurde die Äbtissin reichsunmittelbar. Das Kloster war somit quasi ein eigener Kleinstaat mit 4000 Einwohnern, größtenteils Bauern, die in Diensten der Abtei standen. Anfang des 19. Jh. wurde es dann aufgelöst und später von Söflinger Bürgern übernommen und **abgerissen.** An seiner Stelle entstanden zahlreiche neue Bauten. Die **hübschen Häuser,** die heute hier zu sehen sind, stammen fast alle durchgängig aus dieser Zeit. Eine Ausnahme bildet die **Kirche Sankt Mariä Himmelfahrt.** Sie ist der Nachfolgebau einer Kirche der Klarissen

Heute wirkt das Areal wie eine **kleine Oase.** Schon der Platz vor dem Klosterhof sieht aus wie der einer typischen schwäbischen Kleinstadt und das Ulmer Zentrum scheint plötzlich ganz weit weg zu sein. Von der ursprünglichen Bebauung des Klosterhofs ist nicht mehr viel übrig geblieben. Man kann sie aber anhand des Abbilds einer historischen Karte im Eingangsbereich nachvollziehen. Im Innern des Klosterhofs locken ei-

Die Klarissen

Die Klarissen sind ein katholischer Frauenorden, der auf den hl. Franziskus und die hl. Klara von Assisi zurückgeht. Der Armutsorden hat heute weltweit etwa 1000 Klöster. Das Klarissenkloster in Söflingen war einst das bedeutendste Stift des Ordens in Deutschland.

nige Restaurants wie der Klosterhof (s. S. 81), ein Museum (Museum in der Klostermühle, s. S. 73), kleine Läden und der friedlich plätschernde Blaukanal.

❯ Anfahrt: Straßenbahn, Haltestelle Söflingen

㉙ Fort Oberer Kuhberg [ai]

Das Fort Oberer Kuhberg markiert mit den westlichsten Punkt der Bundesfestung und ist der Wallanlage gut 2,5 km vorgelagert. Das in architektonischer Hinsicht recht unspektakuläre, rechteckige Ensemble ist allerdings aufgrund seiner traurigen Geschichte ein bedeutender Erinnerungsort der Ulmer Stadtgeschichte geworden.

Schon im November 1933 richteten die **Nazis** hier ein sogenanntes „Schutzhaftlager" ein, das bis Juli 1935 bestand und als eine **frühe Form eines Konzentrationslagers** gilt. 600 politische Häftlinge – meist KPD- und SPD-Mitglieder – fristeten in dieser Zeit ein karges Dasein in den unterirdischen Kasematten. Der Prominenteste von ihnen war Kurt Schumacher, von 1946 bis 1952 SPD-Vorsitzender und einer der Gründerväter der Bundesrepublik Deutschland, dessen Antlitz früher

auch eine 2-DM-Münze zierte. Zwar wurden hier keine Häftlinge systematisch ermordet, aber das Lager diente gewissermaßen als Experimentierfeld der Nazis, um Haftbedingungen zu testen, die später auch in anderen KZs Anwendung fanden.

Nach der Schließung des Lagers 1935 wurde es als **Übungsgelände der Wehrmacht** genutzt bzw. während des Krieges als **Produktionsstätte für die Rüstungsindustrie**. Nach dem Krieg waren hier zunächst Notunterkünfte untergebracht, zeitweise diente das Fort gar als Gasthaus.

Heute befindet sich hier eine **Gedenkstätte**, in der über die schrecklichen Ereignisse im Fort informiert wird. Die beklemmende Atmosphäre setzt sich bei einem Gang durch die **Kasematten** fort (aus versicherungstechnischen Gründen nur geführt möglich). In den feucht-kalten Gängen sind noch Betten der Insassen, eine Latrine und mehrere Steine mit Zitaten ehemaliger Insassen zu sehen. Da der Boden manchmal rutschig sein kann, wird festes Schuhwerk empfohlen.

Neben Informationen zu diesem dunklen Kapitel der deutschen Geschichte bietet das restaurierte Fort auch einzigartige Einblicke in **Aufbau und Funktion der Bundesfestung**. Übrigens handelt es sich beim Fort Oberer Kuhberg um das einzige Konzentrationslager in Süddeutschland, das noch komplett erhalten ist.

❯ http://dzok-ulm.de, geöffnet: Do., So. 14 – 17 Uhr, Führungen So. 14.30 Uhr, Gruppenführungen nach vorheriger Anmeldung auch zu anderen Terminen möglich, Eintritt: 2 €, ermäßigt 0,50 €, Anfahrt: Straßenbahn bis Haltestelle „Ehinger Tor", dann Bus 4 bis Haltestelle „Schulzentrum" oder „Grimmelfinger Weg", ab da gut ausgeschildert

③⓪ **Donauschwäbisches Zentralmuseum** ★★ [A6]

In der alten Donaubastion ist eines der thematisch interessantesten Museen der Region untergebracht. Hier wurde ein Museum geschaffen, das die Räumlichkeiten eines Teils der Bundesfestung perfekt nutzt.

Von Ulm aus starteten ab dem 17. Jh. viele Siedler ihre Reise, immer dem Verlauf der ab hier schiffbaren Donau folgend, und ließen sich in den verschiedenen Regionen der Habsburgermonarchie nieder. Im Zentralmuseum kann man alles über die **Siedlungsgeschichte der Donauschwaben** erfahren. Gezeigt werden unter anderem eine interaktive Karte, die Siedlungsströme und -räume erläutert. An zahlreichen Schaukästen finden sich Originaldokumente, eine Fülle an Alltagsgegenständen und vieles mehr. Nicht nur werden die Unterschiede und die kulturelle Bedeutung der Menschen für Südosteuropa erläutert, sondern auch ihre Geschichte. Auch schmerzhafte Themen wie das Verhalten der Deutschen zur Zeit des Nationalsozialismus und Flucht und Vertreibung kommen zur Sprache, genau wie das Leben der Deutschen in den sozialistischen Diktaturen. Besonderes Highlight ist eine Multimediastation, an der man sich historische Tonaufnahmen zahlloser **deutscher Dialekte** anhören kann, von denen die meisten mittlerweile nicht mehr existieren.

▷ *An zahlreichen Mitmachstationen kann man sich über das interessante Leben der Donauschwaben informieren*

EXTRATIPP

Martin-Luther-Kirche

Unweit des Donauschwäbischen Zentralmuseums befindet sich eine evangelische Kirche, die weniger durch ihre Architektur als vielmehr durch ihre Geschichte beeindruckt: Hinter der Orgel der Martin-Luther-Kirche wurden die **Flugblätter der Weißen Rose** gedruckt. Zu diesem ungewöhnlichen Umstand kam es, weil Hans Hirzel, ein Schüler aus Ulm, aushilfsweise in der Luther-Kirche Orgel spielte und daher Zugang zu diesem Bereich hatte. Er wurde gefasst und von den Nazis zu lebenslanger Haft verurteilt, die mit der deutschen Kapitulation zu Ende ging. Eine kleine **Ausstellung** im westlichen Treppenhaus der Kirche (Zugang hinten durch den Gang und dann die Treppe hoch) erinnert an die Weiße Rose und ihre gefährliche Arbeit.

ii3 [ch] **Martin-Luther-Kirche,** geöffnet: Mo.–Fr. bis 18 Uhr (außer an Feiertagen)

Im Erdgeschoss finden zudem sehenswerte **Sonderausstellungen** statt, die drei- bis viermal im Jahr wechseln und auf unterschiedliche und weniger bekannte Aspekte der deutschen Siedler aufmerksam machen.

> Schillerstraße 1, Anfahrt: Straßenbahn Richtung Söflingen oder Bus 3, 7, 10 bis Haltestelle „Ehinger Tor", www.dzm-museum.de, Tel. 0731 962540, geöffnet: Di.–So. 11–17 Uhr, Eintritt: 4,50 €, ermäßigt 3,50 €, Familien 5 €, freier Eintritt mit UlmCard

③① Kloster Wiblingen ★★★ [Faltplan]

Der beeindruckende barocke Komplex liegt im Ulmer Stadtteil Wiblingen, der erst Mitte der 1920er-Jahre eingemeindet wurde. Im Jahr 1093 wurde hier vom Benediktinerorden eine Abtei gegründet. Den Mittelpunkt bildet die Kirche St. Martin, die heute den Status einer Basilica Minor innehat. Das heutige Aussehen des Baukomplexes entspricht mit dem auffallenden rosa Farbton demjenigen aus dem 18. Jh. Besonders beeindruckend ist zudem die prächtige *Klosterbibliothek im Nordflügel, die weit über die Grenzen des Landes hinaus bekannt ist.*

Seit über 30 Jahren finden hier im Juni die **Wiblinger Bachtage** (s. S. 97) statt, bei denen nicht nur die Barockbibliothek, die über eine erstaunliche Akustik verfügt, sondern auch andere Stätten in Ulm und Umgebung für Konzerte genutzt werden.

Geschichte der Anlage

Erstmals erwähnt wurde die Anlage 1098. Es handelt sich bei dem damals vom Benediktinerorden betriebenen Konvent um den **Ableger eines Klosters in St. Blasien** (Schwarzwald). Bereits 1271 zerstörte ein Feuer die alten Gebäude, an ihrer Stelle entstand 1275 ein neuer Bau im spätromanischen Stil. Das 14. Jh. brachte eine wirtschaftliche Blüte für das Kloster, das selbstverwaltet war und eine Art kleinen Staat bildete, der unter anderem Gericht halten durfte. Im 16. Jh. wurde es im **Schmalkaldischen Krieg** von protestantischen Truppen geplündert, im **Dreißigjährigen Krieg** sollte es noch schlimmer kommen, als das Kloster zweimal unter schwedische Kontrolle kam und eine **Pestepidemie**

037-ul-ssg

viele der Mönche und Bauern, die für das Konvent arbeiteten, dahinraffte.

Einen entscheidenden Einschnitt in der Klostergeschichte markiert das Jahr 1701, als sich der Konvent unter **österreichische Oberherrschaft** stellte. Es folgte ein Jahrhundert reger Bautätigkeit. 1714 wurde mit dem **Neubau** im spätbarocken Stil begonnen, 1783 erfolgte die Weihe der Kirche, die frühklassizistisch gestaltet wurde. Ursprünglich sollten sie zwei hohe Türme zieren, dazu kam es aber nicht mehr. Dass mit ihrem Bau bereits begonnen wurde, lässt sich aber noch heute an der abgewinkelten Architektur des Eingangsbereichs gut erkennen. Bereits zuvor wurden eine **Brauerei**, **Ställe**, **Wohnräume** für die Mönche und **Handwerksräume** errichtet.

1800 fielen die **Franzosen** in Wiblingen ein, es folgten Jahre, in denen der Konvent verschiedenen Staaten unterstand, letztlich bedeutete die Säkularisierung 1806 das Ende des über 700-jährigen monastischen Lebens in Wiblingen. Die Besitzungen des Konvents wurden zwischen Bayern und Württemberg aufgeteilt und die Mönche verließen das Kloster. Die berühmte Bibliothek verfügte damals über 15.000 Bücher und Handschriften.

Wiblingen wurde Mitte des 19. Jh. zu einem Teil der Bundesfestung erklärt, bis zum Ende des Zweiten Weltkriegs diente der Komplex als **Kaserne**, was aber nicht nur Nachteile mit sich brachte, denn in dieser Zeit wurde der Bau des Ostflügels nach Originalplänen vollendet.

◁ *Erst aus der Luft werden die Ausmaße des Klosters in Wiblingen sichtbar*

Nach dem Krieg diente das Kloster kurzzeitig als **Auffanglager für Flüchtlinge** und Vertriebene. Neben der Bibliothek und der ehemaligen Klosterkirche sind in dem Komplex heute auch **Teile der Universität Ulm**, das **Pfarramt**, ein **Mikroskopmuseum** (derzeit geschlossen), ein **Altersheim** und private **Wohnungen** untergebracht.

Basilika St. Martin

Verantwortlich für die Gestaltung der Kirche war **Januarius Zick**, ein selbstbewusster Baumeister, der auch für die Entlassung seines Vorgängers Johann Georg Specht sorgte. Betritt man das Innere, fallen sofort die beruhigend wirkenden weißen und goldenen Farbtöne auf, die beinahe die komplette Kirche durchziehen, und die korinthischen Säulen, die die Deckenfresken zu halten scheinen. Die bedeutendsten Schätze der Kirche muss man erst etwas suchen: Die **Heilig-Kreuz-Reliquie** besteht aus drei Splittern, die angeblich vom Kreuz Jesu stammen. Sie wurde zu einem Kreuz zusammengefügt, das heute in der Kapelle links neben dem Eingang zu sehen ist. Das Kreuz mit dem charakteristischen zusätzlichen Querbalken bildete das Wappen des Konvents und findet sich noch an zahlreichen anderen Orten im Kloster. Die **Gebeine von Werner von Ellerbach**, dem ersten Abt des Konvents, sind in der Mauer links neben dem Altar neben dem Chor eingearbeitet. Die **Einsiedler Madonna** rechts neben dem Altar neben dem Chor war und ist das Ziel vieler Wallfahrten.

Zwischen den beiden Reliquien befindet sich mittig am Altar ein riesiges **Kruzifix**, das kurz vor der Reformation für das Ulmer Münster ❶ angefertigt worden war. In jedem Detail des

1993 wurde die Kirche anlässlich des Jubiläums der Klostergründung von Papst Johannes Paul II. in den Rang einer **Basilica Minor** erhoben.

Museum im Konventbau

Im zweiten Obergeschoss des Konvents links neben der Basilika ist eine kleine, aber sehr informative Ausstellung über die Geschichte der Anlage untergebracht. Anhand von **Originaldokumenten**, **Multimediaelementen** und vielen **Schautafeln** erfährt man auch etwas über das Leben und die Arbeit der Bauern, die für den Unterhalt des Klosters sorgten, und über mönchisches Leben im Allgemeinen. Schließlich gelangt man über die Ausstellung zur berühmten Bibliothek.

Bibliothek

Gäste, die die Rokoko-Bibliothek zum ersten Mal betreten, sind oft gebannt von der Pracht, die sich vor ihnen auftut. Die Farben Gold, Türkis und Rot überschütten die Sinne mit Reizen und man weiß zunächst nicht, wohin der Blick als Erstes schweifen soll. Außerdem verzaubert die Bibliothek ihre Besucher mit einer **Fülle an Büchern**, einem riesigen **Deckengemälde** und wunderschönen **Statuen**. All diese Elemente nehmen auf einander Bezug.

Das **Deckengemälde** wurde von Franz Martin Kuen 1744 geschaffen und ist in neun Teile aufgeteilt. Adam und Eva, die am oberen Ende des Gemäldes zu finden sind, symbolisieren den Sündenfall. Auf der rechten Seite befinden sich drei Teile, die allesamt die Antike, aber auch das Heidentum symbolisieren sollen. Nacheinander sind Diogenes in seinem Fass bei einer Begegnung mit Alexander dem Großen, der Musenberg Parnass und die Verbannung Ovids durch Augus-

Gesichts ist dabei der Schmerz Jesu nachvollziehbar. Das Gemälde über dem **Hochaltar** zeigt das Leiden Jesu am Kreuz und stammt ebenfalls von Januarius Zick, der auch für die **Deckenfresken** verantwortlich zeichnet.

Das **Fresko über dem Altar** zeigt das Letzte Abendmahl. Besonders beeindrucken aber die beiden runden, großen Fresken. Dargestellt sind die **Kreuzerhöhung** und der **Jüngste Tag**. Die übrigen **Wandmalereien** zeigen biblische Szenen bzw. im Eingangsbereich die Klostergründung, dargestellt durch die Überreichung der Heilig-Kreuz-Reliquie. Weiterhin fällt besonders die schöne **Marmorkanzel** mit den goldenen Verzierungen ins Auge.

⌂ *Außen schlicht, innen eine Augenweide: die Basilika St. Martin*

tus zu sehen. Am Kopfende – räumlich und sinnbildlich Adam und Eva gegenüber – ist der Heilserwerb dargestellt. Zu sehen sind Benediktinermönche, die fremde Völker missionieren und taufen. Es folgt im Uhrzeigersinn eine Darstellung Papst Gregors I., der den Benediktinern den Segen erteilt, anschließend ist der Berg Zion mit dem Lamm Gottes an der Spitze zu sehen: Dieses Element befindet sich gegenüber dem Musenberg. Die nächste Darstellung zeigt König Ferdinand II. von Spanien, der die Benediktiner aussendet, die Neue Welt zu christianisieren. Gekrönt wird das Rundgemälde von einer Darstellung der göttlichen Weisheit in der Mitte, die das antike und das christliche Wissen miteinander versöhnt.

Die **Skulpturen im unteren Bereich** der Bibliothek verkörpern an der Längsseite vier Wissenschaften bzw. weltliche Ideale (Rechtsprechung, Logik, Geschichtsschreibung und Mathematik), während an der Querseite vier mönchische Tugenden (klösterlicher Gehorsam, Askese, Glauben und Theologie) dargestellt sind. Auf der Empore stehen zwei weitere Skulpturen. Die Standbilder sind übrigens nicht aus Marmor gefertigt, sondern aus Holz.

Die **Bücher in den Regalen** waren nach Themen sortiert. An den Kopfenden befinden sich jeweils Buchstaben, die zusammengesetzt die Wörter TEOLOGIA und HISTORIA ergeben. Sie stehen unter der Bildseite der Mission bzw. des geistigen Lebens bzw. der Antike und des Heidentums und vervollkommnen das stimmungsvolle Gesamtbild. Da die Rücken der Bücher weiß angemalt waren, entstand im unteren Bereich der Bibliothek eine einheitlich weiße Front, die – durchbrochen von den roten und türkisfarbenen Säulen sowie den Regalen selbst – einen Kontrast zur farbenfrohen Deckenmalerei bildete.

Auf die Galerie gelangte man über **verborgene Treppen,** die hinter die beiden Figuren im oberen Bereich führen. Nichts sollte den Eindruck der Vollkommenheit und Ganzheit stören, den Kuen hier geschaffen hat.

> **Museum mit Bibliothek:** Schlossstraße 38, www.kloster-wiblingen.de, geöffnet: April–Okt. Di.–So. und feiertags 10–17 Uhr, Nov.–März Sa./So. und feiertags 13–17 Uhr, Eintritt: 4,50 €, ermäßigt 2,30 €, Familien 11,30 €, Audioguide kostenlos, Eintritt mit UlmCard frei

> **Basilika St. Martin:** tägl. 9–18 Uhr, im Winter 9–17 Uhr, Eintritt frei

> **Anfahrt:** Bus 3 bis Haltestelle „Pranger", dann an der Sparkasse links einbiegen und dem Weg folgen. Mit dem Auto: Einfach der B28 folgen und anschließend in die Ulmer Straße einbiegen.

ssg.fui930

> *Eine der vielleicht schönsten Bibliotheken der Welt*

Neu-Ulm

Neu-Ulm steht oft etwas zu Unrecht im Schatten des großen Bruders jenseits der Donau. Aber längst hat sich das im Krieg stark zerstörte und in der Nachkriegszeit schnell wieder aufgebaute Städtchen zu einem lebens- und liebenswerten Ort entwickelt, der Touristen nicht nur aufgrund des sagenhaften Panoramablicks auf Ulm anlockt. Insbesondere Architekturinteressierte und diejenigen, die nach Entspannung im Grünen suchen, kommen hier voll auf ihre Kosten. Einst entstand in Neu-Ulm ein Brückenkopf von Ulm und hier wurden die Ulmer Schachteln (s. S. 11) gefertigt.

Der Name „Neu-Ulm" taucht erstmals 1811 auf, also zu einem Zeitpunkt, als man längst nicht mehr zu Ulm gehörte, sondern ein verschlafenes bayerisches Provinznest war. Das sollte sich spätestens mit dem Bau der Bundesfestung (s. S. 46) und dem der Eisenbahn ändern – zwei historische Ereignisse, die das Stadtbild bis heute maßgeblich prägen. Die Stadt wuchs im späten 19. und frühen 20. Jh. in beachtlichem Tempo, damals entstanden auch so wichtige Bauwerke wie die international bekannte Kirche **St. Johann Baptist** ❸❹ und der **Wasserturm** ❸❺, das Wahrzeichen der Stadt.

Nach den Zerstörungen im Zweiten Weltkrieg prägte ein schneller und autofreundlicher Wiederaufbau das Antlitz der Stadt – genau wie die zahlreichen **amerikanischen Soldaten,** die hier Quartier bezogen. Konnte man Neu-Ulm noch in den 1970er-Jahren mitunter als wenig ansehnlichen Flecken betrachten, den Ulmer meist nur zum Einkaufen aufsuchten, haben insbesondere zwei Landesgartenschauen und der Abzug der amerikanischen Soldaten und die damit einhergehende Umgestaltung ganzer Viertel dafür gesorgt, dass hier eine hübsche Stadt herangewachsen ist, die den Vergleich zu Ulm in vielen Punkten nicht zu scheuen braucht!

❸❷ Insel ★ [E5]

Von der Ulmer Seite kaum als solche auszumachen, bietet die Neu-Ulm vorgelagerte kleine Insel nicht nur einigen Glücklichen eine Wohnstätte, sondern Spaziergängern auch einen herrlichen und unverbauten Ausblick auf Ulm sowie ein hervorragendes Restaurant (Insel vom Stein, s. S. 82).

Wer aus Ulm kommt, wird fast zwangsläufig hier landen, denn die Herdbrücke ist die wohl **wichtigste Fußgängerbrücke,** die die beiden Donaustädte verbindet. Gleichzeitig beginnt hier auch der auf Seite 15 beschriebene **Stadtspaziergang** durch Neu-Ulm.

Auf der Insel entsteht derzeit ein **Großbauprojekt** mit vier hochmodernen Bauten. Zukünftig sollen hier neben den Räumlichkeiten der örtlichen Sparkasse auch exklusive Wohnungen nebst Dachgärten und Loggien, mondäne Büroräume, Cafés und Geschäfte entstehen. Ob so viel Exklusivität zum sympathisch-bodenständigen Neu-Ulm passt, wird die Zukunft zeigen. Noch ist nicht bekannt, wie viel die Edelwohnungen hier kosten sollen, aber wer gerne an die 10.000 Euro pro Quadratmeter bezahlen möchte, kann schon mal sein Scheckheft zücken, so die Meinung von Experten.

Ganz am östlichen Ende der Insel bleibt aber alles beim Alten. Umgeben von den Wassern der Großen und Kleinen Donau steht hier eines der beeindruckendsten Denkmäler Neu-Ulms, das **Kriegerdenkmal von Edwin Scharff**, Neu-Ulms berühmtestem Künstler. Das kurz vor der Machtübernahme der Nationalsozialisten enthüllte Denkmal erinnert an die Opfer des Ersten Weltkriegs.

Verlässt man die Insel, so erkennt man auf ihrer Westseite **Reste der alten Befestigung**. Die verwitterte Mauer wurde im 16. Jh. als Brückenkopf angelegt, ihre heutige Gestalt stammt aber aus dem frühen 19. Jahrhundert.

㉝ Edwin Scharff Museum ⭐ [E5]

Streng genommen beinhaltet das Museum gleich zwei Museen, das Edwin Scharff Museum und das Kindermuseum. Im **Erdgeschoss** wird die ständige Sammlung gezeigt, wobei nicht nur Arbeiten Scharffs, sondern auch solche seiner Zeitgenossen ausgestellt sind und das Leben des Ausnahmekünstlers thematisiert wird. Die Sammlung umfasst sowohl Skulpturen als auch Gemälde, Radierungen und Zeichnungen. Besonders beeindruckend ist ein Raum, in dem Scharffs künstlerische Auseinandersetzung mit dem Grauen des Ersten Weltkriegs thematisiert wird. Scharffs Bruder fiel damals im Kampf, was den Künstler in seiner Arbeit beeinflusste und dem Kriegerdenkmal auf der Insel ㉜ eine persönliche Note verleiht.

Im **ersten Stock** werden Ausstellungen gezeigt, die drei- bis viermal im Jahr wechseln. Den zweiten Teil des ersten Stocks erreicht man, indem man zurück zum Eingang geht und dort die lange Treppe nach oben nimmt. Hier ist die Sammlung Ernst Geitlinger zu sehen, der ein berühmter Künstler der sogenannten Konkreten Kunst war und hier durch einige Werke vertreten ist.

Im zweiten und dritten Stock ist das **Kindermuseum** untergebracht. Eine Werkstatt lädt sonntags zum Mitmachen ein. Das bunte Museum selbst ist für Kinder von 4 bis 12 Jahren konzipiert und bietet diesen viele spannende Entdeckungen. Hauptthema sind der menschliche Körper und dessen Funktionsweise. Kinder können in den wunderbar bunt gestalteten Räumen toben, spielen und viel lernen.

❯ Petrusplatz 4, Anfahrt: Bus 5 bis Petrusplatz, www.edwinscharffmuseum. de, Tel. 0731 70502555, geöffnet: Di./Mi. 13–17, Do.–Sa. 13–18, So. 10–18 Uhr, Eintritt: 5 €, ermäßigt 4 €, Jugendliche bis 18 Jahre 1 €, Familien 9 €, freier Eintritt mit UlmCard. Der Eintrittspreis gilt in Kombination für das Edwin Scharff Museum und für das Kindermuseum.

Edwin Scharff

Der aus Neu-Ulm stammende Edwin Scharf (1887–1955) gilt als einer der bedeutendsten Bildhauer der ersten Hälfte des 20. Jahrhunderts. Zunächst von den Nazis geduldet und sogar mit öffentlichen Aufträgen ausgestattet, wurde er ab 1937 diffamiert. Seine Kunst galt als „entartet" und viele seiner Werke wurden zerstört. Scharff konnte erst nach dem Krieg wieder lehren und frei schaffen. Neben den zahlreichen Werken im Edwin Scharff Museum ㉝ stammen von ihm unter anderem die „Drei Männer im Boot", die in Neu-Ulm auf dem Rathausplatz stehen (ein ähnliches Denkmal befindet sich in Hamburg, Scharffs letzter Wirkungsstätte).

34 St. Johann Baptist ★★★ [E5]

Unweit des Rathauses von Neu-Ulm befindet sich einer der ungewöhnlichsten Sakralbauten, die Süddeutschland zu bieten hat.

Das **expressionistische Gotteshaus** verdankt seine ungewöhnliche Gestalt Dominikus Böhm, einem Kirchenbauer, der hier in den 1920er-Jahren und nach dem Zweiten Weltkrieg eines seiner spektakulärsten Projekte verwirklichte. Böhms Entwürfe gelten als revolutionär und wegweisend, seine Kreativität wurde allerdings nach der Machtübernahme der Nationalsozialisten eingeschränkt. Dennoch war er im Laufe seiner Karriere an über 70 Kirchenbauten (u. a. in Brasilien) beteiligt. Nachdem die Kirche im Zweiten Weltkrieg stark zerstört worden war, durfte Böhm ein weiteres Mal Zirkel und Zeichenstift anlegen und das Gotteshaus erhielt seine heutige Form.

Bereits 1857 stand hier eine **neoromanische Garnisonskirche** für die katholischen Soldaten, die in der Bundesfestung (s. S. 46) stationiert waren. Böhm erweiterte die Kirche und gestaltete sie um. Die mächtige Fassade erinnert an eine Festung, was auch daran liegt, dass als Baumaterialien Reste der Bundesfestung zum Einsatz kamen.

Die Fassade wird von einer **Kreuzigungsgruppe** dominiert, die hoch über dem dreiteiligen Eingang thront. Das **Innere** der Kirche wirkt sehr hell und bildet damit einen Kontrast zu anderen Gotteshäusern in der Doppelstadt. Von außen lässt sich kaum erahnen, auf welch faszinierende Weise hier mit Licht gespielt wird. Verantwortlich für die Innengestaltung zeichnete Reinhold Alexander Grübl, aber auch Böhm selbst wirkte mit. Die **Taufkapelle** ist dabei besonders eindrucksvoll, man hat förmlich den Eindruck, als schwebe der Heilige Geist in Form der großen Taube über den Gläubigen. Vor dem Bau steht auf einem schmalen und hohen Sockel ein **Markuslöwe**. Die Symbolik geht auf den Löwen als Zeichen des Evangelisten Markus zurück. Gezeigt wird er mit aufgeschlagenem Evangelium. Die fast surreal erscheinende Skulptur wurde 1926 von Fritz Müller-Kamphausen geschaffen.

Der Platz um die Kirche wurde von Gottfried Böhm, dem Sohn des berühmten Kirchenbaumeisters, und seinem Sohn Paul geplant, wodurch ganze drei Architektengenerationen an dem Ensemble beteiligt waren.

❯ Johannesplatz 4,
www.st-johann-neu-ulm.de

◁ *Aus den Überresten der Bundesfestung erbaut: St. Johann Baptist*

04Oul-mb

35 Glacis-Park ★★ [E7]

*Der Glacis-Park bietet erholungsbe-
dürftigen Neu-Ulmern nicht nur ein
idyllisches Refugium, sondern ist
auch heute noch durch und durch
vom Charakter der Bundesfestung
(s. S. 46) geprägt.*

Der Rundgang durch die Anlage
startet an ihrem östlichen Ende an
der geschäftigen Memminger Straße.
Rechter Hand sieht man die **Basti-
on 5,** hinter der bei Bedarf ein Kriegs-
spital hätte eingerichtet werden können. Nun geht es immer entlang der
Mauer bzw. des Kanals, der die Mitte der Glacis-Anlage bildet. Zwischendurch kann man sich am **Fischlehr-
pfad** und am **Baumlehrpfad** – Überbleibsel der Landesgartenschau von
2008 – über die hiesige Flora und
Fauna informieren.

Nach einigen Metern ist der **Spielplatz** mit dem riesigen Piratenschiff
erreicht. Während die Kleinen vielleicht gerade das Schiff entern, zieht
es Erwachsene vermutlich eher zum
Barfüßer (s. S. 79), dem riesigen
Biergarten nebenan. An dieser Stelle
lässt sich gut die pfeilförmig ausfal-
lende Spitze der Festung erkennen,
ein Charakteristikum des Festungs-

baus des 19. Jh., das dem anrücken-
den Feind die Erstürmung der Basti-
on hätte erschweren sollen. Solche
Spitzen finden sich im gesamten, die
Doppelstadt umgebenden Verteidi-
gungsring. Auf der **Seebühne** gegenüber finden im Sommer stimmungsvolle und kostenlos zugängliche Konzerte statt.

Der nun folgende Steg führt über
ein **Wasserbassin,** in dem im Sommer viele Kinder plantschen. An dieser Stelle hat man die Gelegenheit,
hinter die „Kulissen", sprich die Mauer der Festung, zu schauen und einen
Blick auf einen weniger gut restau-
rierten, aber dafür umso stimmungs-
volleren Teil der Bundesfestung zu
werfen.

Nun folgt man weiter dem Verlauf der Mauer und läuft durch den
Rosengarten, dessen Gewächse im
Sommer in vielen satten Farben blü-
hen. Entlang der **Escarpenmauer**
geht es zum Ende des Parks, wo man
den kleinen **Teich** mit der goldenen

⌂ *Im Glacis-Park vergisst man
schnell, dass es sich hierbei um ein
altes Militärareal handelt*

Das amerikanische Neu-Ulm und seine Spuren

Neu-Ulm, das war einst eine der amerikanischsten Städte Deutschlands: Bis zu ihrem Abzug im Jahr 1991 lebten bis zu 9000 Amerikaner gleichzeitig in der Stadt, genauer in den **Nelson und Wiley Barracks** *(südlich der Innenstadt). Die Amerikaner verfügten über eine Stadt am Rande der Stadt, ganz im amerikanischen Stil mit Bowlingbahn und Baseball-Feld.*

1983 wurde Neu-Ulm international bekannt, da auf dem Gelände der **US Army** *Pershing-II-Raketen mit atomaren Sprengköpfen stationiert wurden, wogegen sich Widerstand regte.*

Was sollte man nach dem Abzug der Soldaten mit dem Areal von 140 ha tun, das die Neu-Ulmer Stadtverwaltung vor gut 20 Jahren zu einem Preis von 86 Mio. DM vom Bund erworben hatte? Wie in der Politik üblich, wurde zunächst einmal ein Ausschuss ins Leben gerufen. Das Wiley-Gelände wurde **komplett umgestaltet** *und ein moderner und attraktiver Stadtteil entstand. Viele Gebäude wurden umgenutzt, einiges wurde aber auch abgerissen und musste Platz für Neues schaffen.*

Das Wiley-Gelände ist in drei Teile unterteilt. Im nördlichen Gebiet südöstlich des Glacis-Parks ㉟ *sind unter anderem das Dietrich Theater (s. S. 87), ein Gründer- und Technologiezentrum und eine Seniorenwohnanlage entstanden. Das unmittelbar südlich an dieses Areal angrenzende Gebiet wurde für die Landesgartenschau 2008 genutzt und noch weiter südlich entstand moderner Wohnraum für Studenten und Familien.*

1994 wurde die mittlerweile renommierte Fachhochschule (heute: Hochschule Neu-Ulm - University of Applied Sciences) in einem Teil der alten Wiley-Barracks unweit des Zentrums angesiedelt. Einige Einrichtungen wie zum Beispiel der legendäre Wiley Club wurden einfach fortgeführt und an die neue Zeit angepasst.

› *Tipp: Das witzige Army-Video aus dem Jahr 1990 mit dem Titel „Neu Ulm - New Spirit" kann unter der Adresse www.youtube.com/ watch?v=5jJ_3ECw66I angesehen werden. Und auch wenn die Musik direkt aus der Serie „Dallas" entsprungen zu sein scheint, liefert der zehnminütige Film doch einen interessanten Eindruck davon, wie amerikanischen Soldaten damals das Leben in Neu-Ulm schmackhaft gemacht werden sollte.*

Skulptur, die an eine Seerose erinnert, umläuft.

Auf der anderen Seite der Anlage gelangt man zunächst zu einem weiteren **Spielplatz**. Entweder, man läuft nun auf unbefestigten Pfaden am Ufer entlang, oder man geht nach oben, von wo man einen schönen Blick auf diesen Teil der Bundesfestung genießt. Nach etwa 200 Metern

ist man an einem **Rondell** angelangt, ein guter Ort, um eine Pause auf einer der Bänke einzulegen und die Aussicht zu genießen. Bei der **Seebühne** angekommen, geht es weiter durch den **blumenreichsten Teil des ehemaligen Landesgartenschaugeländes** und nach weiteren etwa 200 Metern ist der Ausgangspunkt des kleinen Spaziergangs erreicht.

042ui-mb

Ausflüge in die Umgebung

Die Ziele in diesem Kapitel können beliebig zu einer Tagestour kombiniert werden. Der Autor empfiehlt, sich zwei der im Folgenden vorgestellten Ziele auszusuchen und ihren Besuch miteinander zu verbinden. Lediglich aus dem Legoland ❷ dürfte der Nachwuchs nur schwer herauszubekommen sein, zumal da seine Öffnungszeiten eine Kombination mit einem anderen Ausflugsziel schwierig machen. Hier empfiehlt sich ein Ganztagesbesuch. Die meisten Ziele können bequem mit Regionalbahn oder Pkw erreicht werden, aber auch eine Anfahrt per Rad ist möglich und angesichts der ruhigen und hügeligen Landschaft auch uneingeschränkt empfehlenswert.

❸❻ Kollmannspark und Wasserturm ★★ [D7]

Im unmittelbar an den Glacis-Park anschließenden kleinen Kollmannspark befindet sich mit dem **Wasserturm** eines der Wahrzeichen der Stadt Neu-Ulm. Der Turm wurde 1890 fertiggestellt und sorgte dafür, dass ab diesem Zeitpunkt alle Neu-Ulmer über fließendes Wasser verfügten. Errichtet wurde der wuchtige Bau auf einem ehemaligen Pulverlager der Bundesfestung. Der kleine **Park** rund um den Turm wurde 1910 angelegt. Seinen Namen trägt er zu Ehren von **Josef Kollmann,** der zur Zeit des Baus des Wasserturms Bürgermeister von Neu-Ulm war und in dessen Amtszeit (1885–1919) viele weitere Gebäude in der Stadt entstanden.

Heute kann man den Wasserturm von vielen Orten der Stadt sehen und er ist insbesondere im Sommer ein beliebter Treffpunkt, um den benachbarten Glacis-Park ❸❺ zu erkunden.

❸❼ Blaubeuren und Blautopf ★★★ [Faltplan]

16 Kilometer westlich von Ulm und teilweise auf der Hochebene der Schwäbischen Alb gelegen, befindet sich die malerische Ortschaft Blaubeuren. Hauptanziehungspunkte sind das Kloster Blaubeuren, die pittoreske Altstadt mit ihren Fachwerkhäusern und der sagenumwobene Blautopf.

Die Orientierung in Blaubeuren fällt sehr leicht. Ab dem Bahnhof geht es immer in nördlicher Richtung über die Karlstraße ins malerische historische Zentrum. Ab dort heißt die

◹ *Wahrzeichen der Stadt: der Wasserturm*

EXTRAINFO

Orientierung
Stelen weisen den Weg durch den Ort, dessen viele Sehenswürdigkeiten hier nicht in aller Ausführlichkeit geschildert werden können. Am besten, man lässt sich einfach durch den Ortskern treiben.

Straße Klosterstraße. Unterwegs lohnt ein Blick in die **Kirche Mariä Heimsuchung**, die ein sehenswertes Chorfresko aus dem 20. Jh. ihr Eigen nennt. Die Altstadt beginnt beim **Urgeschichtlichen Museum (urmu)**. Auf der Schwäbischen Alb wurden bereits viele archäologische Sensationsfunde gemacht. In diesem Museum lassen sich einige von ihnen bestaunen, zudem erfährt man viel über das Leben der Menschen zur Zeit des Paläolithikums. Das urmu ist eines der **bedeutendsten Museen der Region**, denn es birgt einen weltweit einzigartigen Schatz: Die **Venus vom Hohle Fels**, die bei Schelklingen unweit von Blaubeuren gefunden wurde, ist die älteste Menschendarstellung der Kunstgeschichte und ca. 40.000 Jahre alt. Die Bedeutung der Figur gibt Wissenschaftlern bis heute Rätsel auf.

Das **Fachwerk-Rathaus** auf dem Marktplatz bezaubert mit seinen hübschen Giebeltürmchen. Das **Kloster** wurde bereits im 11. Jh. gegründet und trug maßgeblich zur Entwicklung des Ortes bei, der 1267 erstmals urkundliche Erwähnung fand. Hier wurde übrigens 1777 der Dichter Christian Schubart gefangen genommen und der Dichter Wilhelm Hauff drückte hier die Schulbank.

Im **Badhaus der Mönche** befinden sich gut erhaltene Badeanlagen aus dem frühen 16. Jh., die aus dem Wasser des Blautopfs gespeist wurden. Eine Fußbodenheizung gab es hier ebenfalls. Den Festraum im ersten Stock zieren wunderschöne Renaissance-Wandmalereien. Im angeschlossenen Heimatmuseum erfährt man anhand vieler Ausstellungsgegenstände Interessantes über die Geschichte der Region.

Highlight des Ortes ist aber kein Gebäude, sondern der **Blautopf**, die Quelle des Flusses Blau, der bereits in heidnischen Zeiten als Kultstätte gedient haben soll. Durch Algen entsteht hier eine besonders intensive Farbe des Wassers, die bei Sonnenschein in ein kräftiges Türkis umschlägt. Diese Farbe und die Tatsa-

043ul·mb

che, dass der Blautopf wie ein Fass ohne Boden erscheint (tatsächlich ist das Tauchen hier nur mit Genehmigung möglich), regten von jeher die Fantasie der Menschen an und sorgten für zahlreiche Legenden. Die Blau, die hier entspringt, fließt anschließend 22 Kilometer bis nach Ulm, wo sie in die Donau mündet.

Heute kann man den Blautopf bequem umrunden (Achtung: Rutschgefahr bei Nässe!) und wenn man tief genug ins Wasser blickt, wähnt man sich vielleicht ja eher in der Karibik als auf der Schwäbischen Alb.

★ **4 Blautopf**

🏛 **5 Urgeschichtliches Museum (urmu)**, Kirchplatz 10, Tel. 07344 966990, www.urmu.de, geöffnet: Mitte März–Nov. Di.–So. 10–17, Dez.–Mitte März Di., Sa. 14–17, So. 10–17 Uhr, Eintritt: 5 €, ermäßigt 3 €, Kinder bis 6 Jahre frei

❭ **Anfahrt:** Blaubeuren ist vom Ulmer Hauptbahnhof in nur 11 Minuten mit dem Zug erreichbar. Wer mit dem Pkw unterwegs ist, fährt über die B10 und die B28. Ein Besuch der Stadt lässt sich hervorragend mit einem Aufenthalt in Ehingen 🔟 zu einem Tagesausflug ausbauen, da es von hier nur knapp 15 Minuten in die Bierkulturstadt sind.

🔟 Laichinger Tiefenhöhle ★ [Faltplan]

Westlich von Ulm kann man einmal ganz tief in die Schwäbische Alb hinunter und so einen Eindruck von der einzigartigen, dunklen Welt im Innern der Erde gewinnen. 1892 wurde die Höhle durch Zufall entdeckt und fasziniert seitdem Wissenschaftler und Schaulustige, denn sie ist die einzige **begehbare Schachthöhle** Deutschlands. Bis zu 55 Meter tief (tiefer kann man sonst in Deutschland nirgendwo in eine Höhle hinab) kann

man über enge Treppen und Stiegen in das Herz der Höhle gelangen. **Audiostelen** informieren unterwegs über deren Gestalt und Entstehung. Es geht rauf und runter und man erfährt hier gerade im Sommer eine angenehme Abkühlung. Zwischendurch gibt es immer wieder kleinere Höhlen, die man sich in aller Ruhe ansehen kann, einige von ihnen verfügen über schöne Stalaktiten. Hat man die insgesamt 1250 m langen Gänge bewältigt, kann man sich noch im angeschlossenen kleinen **höhlenkundlichen Museum** (Eintritt frei) über die Höhle als Lebensraum und Höhlenforschung im Allgemeinen informieren oder im **Bistro** einen Kaffee trinken.

Bei der Besichtigung des komplizierten Gang- und Schachtsystems ist aufgrund der ganzjährig niedrigen Temperatur unbedingt auf **warme Kleidung** zu achten! Auch **festes Schuhwerk** ist ein absolutes Muss, ebenso wie das Ausleihen von **Gamaschen** vor dem Abstieg. Letzterer ist zwar offiziell ab fünf Jahren gestattet, aber das sollte man nur sehr mutigen Kindern zumuten. Auch wer Probleme mit engen Räumen hat, sollte die Höhle **besser meiden.** Auf den teilweise rutschigen Stiegen und an den kalten und feuchten Haltestangen sollte man sehr langsam und bedächtig rauf- und runterkraxeln, ein Abtransport bei einem gebrochenen Bein aus solcher Tiefe dürfte gewiss kein leichtes Unterfangen sein.

◁ *Der Blautopf und seine mystische Ausstrahlung bildeten den idealen Nährboden für so manche Legende und Schauergeschichte*

❯ Höhleweg 220, 89150 Laichingen, www.tiefenhoehle.de, geöffnet: von Palmsonntag bis zum Ende der Herbstferien in Baden-Württemberg tägl. 9–18 Uhr, Eintritt: 3,80 €, Kinder 2,80 €, Kinder bis 6 Jahre kostenlos

❯ Anfahrt: Mit dem Auto der B10 in westlicher Richtung bis zur Ausfahrt „Stuttgart" folgen und auf die A8 Richtung Stuttgart fahren, Ausfahrt 61 (Merklingen/Münsingen/Blaubeuren/Laichingen), dann der Beschilderung „Laichingen" folgen (ab dort ausgeschildert) und kurz vor dem Ortseingangsschild scharf rechts abbiegen.

🔴39 Ehingen ★★ [Faltplan]

Das 25.000 Einwohner zählende Ehingen ist – genau wie Ulm und Biberach an der Riß – Station der Oberschwäbischen Barockstraße (s. S. 67) und wird von der Donau durchflossen, allerdings nur im wenig besiedelten Süden. Das **malerische Städtchen** liegt gut 20 km südwestlich von Ulm und 20 km nördlich von **Biberach**. Heute zählt die 961 erstmals erwähnte, ehemals österreichische Stadt, die seit 1805 württembergisch ist, insbesondere wegen ihres berühmten **Marktplatzes** und den imposanten **Barockkirchen** zu einem beliebten (Halb-)Tagesausflugsziel.

Der **Spaziergang** startet am **Marktplatz**, an dem sich neben dem **Rathaus** an der Südseite auch weitere Sehenswürdigkeiten wie das **Stände-**

haus, in dem früher die schwäbisch-österreichischen Stände zusammentraten, und ein moderner und witzig wirkender **Brunnen** stehen, an dessen Spitze die hl. Theodul thront, der Patron Ehingens. Nun geht es die Hauptstraße Richtung Osten entlang vorbei an vielen kleinen Geschäften bis zur Gymnasiumstraße, in die man links einbiegt, um unmittelbar zum **Benediktinerkolleg** mit der **Herz-Jesu-Kirche** zu gelangen, deren Deckenfresken zu den schönsten in Süddeutschland gehören. An der Kirche vorbei geht es am Speth'schen Hof entlang, einem schönen Fachwerkbau mit beeindruckenden Stuckdecken, der heute die **städtische Kunstgalerie** beheimatet. Über die Bahnhofstraße gelangt man zur Groggentalgasse und dann rechts in die Kasernengasse, wo man bereits das Heilig-Geist-Spital erblickt, einen sehenswerten roten Fachwerkbau mit angeschlossener Kapelle, in dem heute das **Museum Ehingen** untergebracht ist. Daneben befindet sich ein rekonstruierter Wehrgang.

Am Parkplatz geht es links zum Viehmarkt mit dem sympathisch wirkenden Viehbrunnen und dort wieder links über die idyllischen Wasser der Schmiech, dann an der Straße links bis zur wunderschönen Kirche **St. Blasius**, eine der größten und schönsten Barockkirchen Oberschwabens. Der Verkündigungs- und der Krönungsaltar zählen zu den bedeutendsten Bildhauerarbeiten der Spätrenaissance in Deutschland.

Anschließend geht es den Gänsberg, die kleine Gasse gegenüber, hinauf bis zur grün-weißen **Vogtei** und der Oberschaffnei gegenüber. Folgt man dem Straßenverlauf, gelangt man wieder zurück zum Marktplatz. Hungrig und durstig von den vielen

EXTRATIPP

Verlauf der Spaziergänge im Web
Die **Routen** der bei **Ehingen** 🔴39 und **Biberach** 🔴40 beschriebenen **Spaziergänge** lassen sich in der kostenlosen Web-App zu diesem Buch nachvollziehen. Für weitere Infos siehe Seite 137.

Eindrücken, sucht man nun am besten eine der exzellenten und dennoch günstigen Brauereiwirtschaften auf.

★6 **Rathaus Ehingen**, Marktplatz 1

🕍7 **Herz-Jesu-Kirche**

🏛8 **Stadtgalerie Ehingen**,
Tränkberg 9, www.galerie-ehingen.de, geöffnet: Sa./So. 14–17 Uhr

🏛9 **Museum Ehingen**,
Am Viehmarkt, geöffnet: Mi. 10–12 und 14–17, Sa./So. 14–17 Uhr

🕍10 **Stadtpfarrkirche St. Blasius**

★11 **Vogtei**, Gänsberg 8

❯ Die **Anfahrt** erfolgt am besten mit der Regionalbahn. Bereits in einer knappen halben Stunde kann Ulm mit ihr erreicht werden, zudem führt die Strecke durch eine malerische Landschaft. Unterwegs bietet sich ein Besuch von Blaubeuren **37** an, sodass man eine schöne Tagestour erlebt.

❹⓿ Biberach an der Riß ★★★ [Faltplan]

Biberach war genau wie Ulm einst eine reiche Freie Reichsstadt und auch heute noch ist sie sehr wohlhabend. Die zweitreichste deutsche Gemeinde hat knapp 30.000 Einwohner und bildet einen wichtigen Punkt auf der Oberschwäbischen Barockstraße (s. S. 67).

Der **Spaziergang** startet am **Spital zum Heiligen Geist**, hier findet man nicht nur das sehenswerte **Museum Biberach** vor, das insbesondere durch die vollständig erhaltenen Malerateliers der Münchner Tiermaler Braith und Mali beeindruckt, sondern auch durch eine kleine evangelische Kirche, die früher als Krankenhaus diente. Ein Denkmal vor dem Eingang erinnert an die Maler Braith und Mali.

Durch das Tor im Süden gelangt man zu einem Platz mit dem **Komödienhaus**. Hier war der Sitz des ers-

EXTRATIPP

Bierkulturstadt Ehingen

Ehingen verfügt über beachtliche **vier Brauereien**, die auch in Form eines „Bierwanderwegs" erschlossen werden können, der vor einigen Jahren vom „Wandermagazin" zu den 30 schönsten Wanderwegen Deutschlands gewählt wurde. Man ist insgesamt etwa 14 Kilometer zu Fuß unterwegs und sollte daher genügend Zeit für den Weg einplanen, der am Marktplatz startet. Endpunkt ist der Ort Berg im Süden der Stadt.

❯ **Infos:** www.bierkulturstadt.info. Ein Plan mit Erläuterungen zu den Stationen ist abrufbar, wenn man den Suchbegriff „Bierwanderweg" eingibt.

Insgesamt werden in Ehingen **43 verschiedene Biere** produziert, die man unter anderem in diesen Lokalen findet:

🍺12 **Berg** €–€€, Graf-Konrad-Straße 21, Ehingen-Berg, Tel. 07391 771733, www.bergbier.de. Das Lokal liegt zwar relativ weit vom Stadtzentrum entfernt, dafür ist ein Spaziergang hierher umso idyllischer und das Berg-Bier ist weit über die Grenzen der Stadt bekannt. Auch die Auswahl an verschiedenen Sorten dürfte in der Region ihresgleichen suchen.

🍺13 **Gasthof Brauerei Schwanen** €€–€€€, Herrengasse 7, Ehingen, www.schwanen-ehingen.de, Mo.–Sa. und erster Sonntag im Monat 11–14 und 17–24 Uhr, WLAN. Urige Wirtschaft mit Bier aus eigener Herstellung.

🍺14 **Rösslebräu** €, Hauptstraße 171, Ehingen, www.roessle-ehingen.de, Tel. 07391 53465, geöffnet: Mo.–Fr. 9–23, Sa. 9–20, So. Frühschoppen 10–12.30 Uhr. Sehr gute Braustube, leckeres Rösslebräu-Bier. Der nette Wirt lässt die Gäste auf Wunsch auch einen Blick in die Produktionsanlage im Erdgeschoss werfen.

O44ui-mb

ten bürgerlichen Theatervereins Deutschlands und Shakespeares „The Tempest" wurde hier erstmals auf Deutsch aufgeführt. Der Biberacher Dichter **Christoph Martin Wieland** übersetzte etwa ¾ der Werke des englischen Schriftstellers ins Deutsche. Auch heute wird das Theater noch bespielt.

Über die Viehmarktstraße gelangt man zur Hindenburgstraße, der man nach rechts folgt. Nun biegt man rechts in die Gasse ein und kann so das **Alte und Neue Rathaus** bewundern. Rechts am Alten Rathaus vorbei geht es auf den **Marktplatz**, der zu den schönsten seiner Art in Süddeutschland gehört. Mittwochs und samstags herrscht hier reges Treiben, man hält ein Schwätzchen und viele Menschen bieten gar Gemüse aus ihrem Garten an. Dann ist hier im Sommer kaum ein Durchkommen und man muss sich zur nächsten Station durchkämpfen, der **Stadtpfarrkirche St. Martin**.

△ *Altes und Neues Rathaus sowie die Kirche St. Martin zeugen vom Reichtum des alten Biberach*

Das außen gotische und innen barockisierte Gotteshaus ist **Deutschlands älteste Simultankirche**. Seit 1548 beten Katholiken und Protestanten hier zwar nicht gemeinsam, aber immerhin unter einem Dach. Dass eine der Konfessionen in der Kehrwoche immer jeweils neben „ihrem" Bereich abwechselnd den Mittelteil der Kirche säubert, zeigt, dass man hier nicht nur sehr tolerant, sondern eben auch liebevoll schwäbisch ist. Die wunderschönen Deckenmalereien und der prächtige Altar wurden hauptsächlich von Johannes Zick, dem Vater von Januarius Zick gefertigt, der sich durch die Basilika in Wiblingen **③** unsterblich machte. Auf 250 m² sind verschiedene Szenen dargestellt, die meist das Leben Jesu aufgreifen.

Aus der Kirche geht es rechts in die Radgasse mit ihren kleinen Geschäften, rechts in die Gymnasiumstraße und dann gleich links in die **Zeughausgasse**. Das rechte wuchtige Haus und das Haus mit den rötlichen Balken sind die Highlights in dieser Straße. Über den Spielplatz läuft man nun am Brunnen vorbei in die Consulentengasse und dann rechts in die Emmingergasse bergan, wo man

Die Oberschwäbische Barockstraße

In Ulm beginnt die Oberschwäbische Barockstraße, ein etwa 500 Kilometer umfassendes Streckennetz in der Region Oberschwaben, dessen Ausläufer aber bis ins Allgäu, nach Österreich und in die Schweiz reichen und an deren Verlauf sich ein barocker Prachtbau an den anderen reiht.

Die Hauptroute der Barockstraße führt von Ulm auch über die in diesem Buch beschriebenen Ortschaften Blaubeuren **37**, Ehingen **39** und Biberach **40**.

❯ www.oberschwaebische-
barockstrasse.de

❯ www.oberschwaben-tourismus.de/
themen/kultur-und-barock/ober
schwaebische-barockstrasse.html

045ul-mb

schon bald den **Gigelturm** erblickt. Am Ende der Straße geht es links in die Webergasse zum Weberberg. In den kühlen und feuchten Kellern dieser Straße wurde früher das Barchent, ein Gemisch aus Leinen und Baumwolle, gelagert, dem die Stadt ihren Reichtum verdankt. Durch die alte Stadtmauer geht es nun gleich rechts nach oben zum **Weißen Turm**, einem Wehrturm (im Rahmen von Führungen zu besichtigen), der eines der Wahrzeichen der Stadt ist. Man läuft nun nach rechts und gelangt so zunächst zu einer Aussichtsterrasse, von der sich der beste Blick auf die Stadt bietet, und dann zum Gigelturm, der derzeit aus Sicherheitsgründen nicht betreten werden darf. Am Ende des Wegs gelangt man über eine Treppe zurück zum Marktplatz, wo der Spaziergang durch Biberach endet. Hier sollte man noch einen Blick auf den markanten Esel werfen, einer Figur aus Wielands satirischem Roman „Die Abderiten", in welchem der berühmte Prozess um des Esels Schatten geführt wird. Dem Wegbereiter der Weimarer Klassik und meistgelesenen Autor seiner Zeit ist auch ein **Museum** gewidmet, das sich etwas außerhalb südlich des Stadtkerns befindet.

❯ **Anfahrt:** Biberach ist an das DING-Netz angeschlossen und kann daher bequem mit dem Regionalverkehr erreicht werden. Eine Fahrt mit der **Regionalbahn** oder dem **Interregio** nimmt je nach Zug 20 bis 45 Minuten in Anspruch. Eine Fahrt **mit dem Auto** dauert etwa 35 Minuten. Hierzu folgt man der B30 und nimmt nach etwa 38 Kilometern die B312 (Ausfahrt „Memmingen/Reutlingen/Biberach-Süd").

⌂ *Zum Weißen Turm gelangt man, indem man den Durchgang durch die alte Stadtmauer passiert (im Bild rechts)*

KLEINE PAUSE

Kaffee auf dem Marktplatz
Das stadt:cafe steht mitten auf dem Biberacher Marktplatz. Neben vielen Kaffeespezialitäten gibt es hier auch einen Kinderbereich und zahlreiche Bücher und Zeitungen zum Schmökern. Im Sommer genießt man draußen einen schönen Blick auf das bunte Treiben.
↪ 21 **stadt:cafe,** Marktplatz 1, Tel. 07351 74500, www.stadtcafe-biberach.de, geöffnet: Mo./Di. 8–24, Mi. 7.30–24, Do./Fr. 8–0.30, Sa. 7.30–0.30, So. 9–22 Uhr

---

ⓜ 15 **Museum Biberach,** Museumstraße 6, geöffnet: Di.–Fr. 10–13 und 14–17, Do. bis 20, Sa./So. 11–18 Uhr
ⅱ 16 **Stadtpfarrkirche St. Martin**
★ 17 **Weißer Turm**
★ 18 **Gigelturm**
ⓜ 19 **Wieland Museum,** Saudengasse 10/1, www.wieland-museum.de, geöffnet: April–Nov. Mi.–So. 14–17 Uhr, nach Vereinbarung auch im Winter und außerhalb der Öffnungszeiten
ⓘ 20 **Tourismus & Stadtmarketing Biberach,** Theaterstraße 6, geöffnet: Mo./Di., Fr. 10–12 und 15–17, Mi. 10–17, Do. 15–17, Sa. 10–12 Uhr. Hier können auch verschiedene Stadttouren gebucht werden, die einen interessanten Einblick in Biberach und einige Anekdoten zu seinen Bewohnern bieten.

㊶ Günzburg ★★★ [Faltplan]

„Klein Wien" wird die Kreisstadt östlich von Ulm gern genannt, denn nach Freiburg im Breisgau findet man hier die **meisten Baudenkmäler aus der Habsburgerzeit** in Deutschland vor. Obwohl die bayerische Stadt von Ulm aus innerhalb von 25 Minuten mit dem Auto oder per Zug erreicht werden kann, hat sie bereits einen komplett anderen Charakter als der große Nachbar.

In Günzburg wurde der **Maria-Theresia-Taler** geprägt, eine der wohl berühmtesten Münzen der Weltgeschichte, die in allen Teilen des Habsburgerreiches akzeptiert wurde und deren immer gleicher Silbergehalt das Umrechnen einzelner Währungen erleichterte. Er war mit ein Faktor für den Wohlstand der Stadt. Wahrzeichen des Orts sind der schöne **Marktplatz** mit seiner fast durchgängigen Bebauung aus der Habsburgerzeit und die **Frauenkirche**, ein Meisterwerk des Rokoko.

Die Stadt unterstand in ihrer Geschichte verschiedenen Herrschern. Die **Römer** begannen hier ab 78 n. Chr., eine Siedlung zu errichten. Aus jener Zeit stammt ein römisches Gräberfeld mit mehreren Tausend Toten, eines der größten römischen Gräberfelder nördlich der Alpen, das die Bedeutung und Größe der Siedlung für das Römische Reich unterstreicht. Im Frühmittelalter unterstand Günzburg den **Augsburger Bischöfen**, wurde dann aber an die **Grafschaft Berg** verpfändet. Als deren letzter Sprössling starb, wurde die Stadt schließlich 1301 **habsburgisch** und sollte es bis 1806 bleiben, als sie **Bayern** zugeschlagen wurde, was den gleichzeitigen Abstieg Günzburgs bedeutete, das nun zu einer politisch unbedeutenden Provinzstadt wurde.

Die Orientierung in der Kleinstadt fällt relativ leicht, da sich alle Sehenswürdigkeiten rund um den **Marktplatz** gruppieren. Letzterer ist für eine Stadt von der Größe Günzburgs riesig. 40 historische Häuser gruppieren sich um den langgezogenen Platz, der im Westen vom **Unteren Tor** begrenzt wird. Dieses teilt Günzburg in Unterstadt und Oberstadt, wobei die Römer früher in der Unterstadt siedelten, während die Oberstadt erst zur Habsburgerzeit entstand. Die meisten Bauten in diesem Bereich der Altstadt stammen aus dem 18. Jahrhundert und sorgen für einen harmonischen Anblick. Kleine Schilder an den Häuserfassaden zeugen davon, dass sich hier früher sehr viele Gaststuben befanden, die Händlern auf der Durchreise Quartier boten. Auch heute noch gibt es zahlreiche Restaurants, die im Sommer immer auch einige Tische ins Freie stellen.

Das **Günzburger Schloss** brannte im Spanischen Erbfolgekrieg 1703 ab und wurde danach in neuem Stil wieder aufgebaut, die Kirche in der Mitte ist aber noch im Original erhalten. Es diente einem österreichischen Thronfolger als Residenz. Das zum Komplex gehörende Rathaus wurde während der Regierungszeit Maria Theresias errichtet. Es beinhaltet das **Münzkabinett**, den schönsten Profanraum der Stadt. Im Deckenbereich dieses Raums ist das stolze Wappen der Habsburger zu sehen und im großen Bild Moneta, die Göttin des Geldes, sowie Engel, die Geld herstellen. Zum Komplex gehört auch die **Tourist-Information**. Das **Heimatmuseum** schließt sich unmittelbar nördlich an den Komplex an.

Der Bau der **Frauenkirche** nördlich des Marktplatzes wurde von Dominikus Zimmermann begonnen, jenem genialen Baumeister, der auch für die **Wieskirche** im „Pfaffenwinkel" in Oberbayern verantwortlich war, die heute zum UNESCO-Weltkulturerbe gehört. Der Rokokobau der Frauenkir-

Einkehren in Günzburg

25 Cafe Kulisse, Marktplatz 9, Tel. 08221, geöffnet: Mo.–Do. 8.30 bis mindestens 24 Uhr, Fr./Sa. 8.30–1, So. und feiertags 9–24 Uhr. Sehr günstiges Frühstücksbüfett (täglich). Große Karte, auch internationale Gerichte, aufmerksamer Service. Schöner Blick auf das Marktplatzgeschehen.

26 Brauereigasthof Zur Münz, Marktplatz 25, Tel. 08221 9167494, geöffnet: täglich 7–23.30 Uhr. Familiengeführtes Traditionsgasthaus, das im Innern über urige Holzverkleidungen verfügt. Spezialitäten des Hauses sind Schmankerl aus Bayerisch-Schwaben, aber auch österreichische Köstlichkeiten werden geboten. Dazu wird hausgebrautes Bier ausgeschenkt.

04ful-mb

▷ *Das Untere Tor ist das einzige erhaltene historische Stadttor Günzburgs*

che ist auffallend hell und strahlt eine spielerische Leichtigkeit aus, die sich besonders in den runden Formen und den vielen Schnörkeln zeigt – ein Eindruck, den die Kirche von außen nicht erweckt, denn sie ist eckig und wirkt ein wenig klobig, während der Innenraum rund ist! Die Säulen setzen sich oben in angedeuteten Säulen fort, die alle auf das zentrale Deckenfresko zulaufen, sodass der Eindruck entsteht, man hätte das gesamte Himmelszelt über seinem Kopf. Die vielen Fresken und Stuckarbeiten ziehen sofort die Blicke der Besucher auf sich. Ganze 44 Jahre dauerte der Bau der Kirche, Schuld waren Kriege, die Österreich damals führte, und eine allgemeine Geldnot. Ungewöhnliches Detail: Die Kirche verfügt über zwei Altäre, einen unteren und einen zweiten in der Galerie darüber, denn ursprünglich war sie als Wallfahrtskirche geplant und es sollten möglichst viele Gläubige gleichzeitig „bedient" werden können. Schön sind auch die Orgel und die Verzierungen an den Scheiben darunter.

❭ **Anfahrt:** B19, dann weiter auf A8 Richtung München, bei der Ausfahrt „Günzburg" auf die B16 wechseln und der Beschilderung nach Günzburg folgen. Etwa alle 20 Minuten fährt ein Regionalzug vom Ulmer Hauptbahnhof von/nach Günzburg (Fahrtzeit: 13–18 Minuten).

❶ **22 Tourist-Information Günzburg,** Schloßplatz 1, Tel. 08221 200444, geöffnet: Mo.–Fr. 10–18, Sa. 9–12 Uhr. Hier kann man auch einen Maria-Theresia-Taler als Souvenir erwerben, der mittlerweile nur noch in der Österreichischen Münze geprägt wird.

❶ **23 Heimatmuseum Günzburg,** Rathausgasse 2, geöffnet: Sa./So. 14-17 Uhr, Eintritt: 2 €, ermäßigt 1 €, Kinder bis

12 Jahre frei. In 16 Räumen erhält man einen guten Einblick in die Günzburger Geschichte. Highlight der Ausstellung sind die Spuren römischer Besiedlung.

★ **24 Frauenkirche,** Frauenplatz 2

㊷ Legoland ★ [Faltplan]

Eltern werden an einem Besuch im Legoland kaum vorbeikommen – schließlich wurde es vor wenigen Jahren als **kinderfreundlichster deutscher Freizeitpark** ausgezeichnet. Aber das ist nicht schlimm, denn auch Erwachsene werden hier mit den insgesamt 55 Mio. verbauten Steinchen ihren Spaß haben. In dem süddeutschen Ableger des dänischen Bauklötzchen-Imperiums können neben den Nachbildungen europäischer Sehenswürdigkeiten auch eine Reihe von Fahrgeschäften genutzt werden.

Der Park wird laufend **erweitert,** sodass sich auch ein mehrmaliger Besuch lohnen kann. Im angeschlossenen **Feriendorf** kann man übernachten, auch Camping ist hier möglich. Das Feriendorf verfügt zudem über viele **weitere Attraktionen** wie einen Klettergarten oder ein Bowling Center und drei Restaurants. Man kann zwar hier übernachten, aber da nach einem anstrengenden Tag vielen Eltern der Sinn nach Abwechslung stehen dürfte, lohnt es sich auch, in Ulm oder Günzburg zu logieren, zumal die Anzahl der Hotels dort beachtlich ist.

❭ Legoland Allee, 89312 Günzburg, www.legoland.de, Tel. 0180 670075701, Eintritt: 40,50 €, Kinder bis 11 Jahre 36 €, Familienkarte: 96,39 € (nur online). Alle Karten sind online mit deutlichem Preisnachlass buchbar. Geöffnet: Ende März–Anfang Nov. 10–18 Uhr, im Sommer an vielen Tagen bis 19/20 Uhr.

ULM
ERLEBEN

048ul Abb.: mb

Ulm für Kunst- und Museumsfreunde

Für Städte ihrer Größe verfügen Ulm und Neu-Ulm über eine erstaunliche Fülle an interessanten Museen und Galerien. Allen voran locken die **Kunsthalle Weishaupt** ⑫ und das **Ulmer Museum** ⑬ viele Besucher an. Es gibt allerdings auch eine Reihe an ganz ungewöhnlichen Ausstellungshallen, die man in dieser Form wohl nirgendwo sonst auf der Welt findet. Hierunter fallen insbesondere das **Museum der Brotkultur** ④, das **Donauschwäbische Zentralmuseum** ㉚ aber auch das skurrile **Friseurmuseum** (s. S. 75). Man sollte bei einem Ulm-Besuch stets bedenken, dass **die meisten Museen montags geschlossen** sind!

Wer sich auch die schönen Städtchen in Ulms Umgebung ansehen möchte, findet bei den im Buch vorgestellte Orten am Ende des Kapitels „Ulm entdecken" auch einige Museums-Tipps. Besonders empfehlenswert ist das **Urgeschichtliche Museum** (urmu, s. S. 63) in Blaubeuren, Heimat der berühmten Venus vom Hohlen Fels.

Museen

🏛 **27** [D3] **DenkStätte Weiße Rose,** Kornhausplatz 5 (in der Volkshochschule), www.vh-ulm.de, Tel. 0731 153011, geöffnet: Mo.–Fr. 8–22, Sa. 8–15 Uhr (nur außerhalb der baden-württembergischen Schulferien), Eintritt frei. Die kleine Dauerausstellung „wir wollten das andere" informiert über den Mut und das tragische Schicksal der Geschwister Scholl (s. S. 107), die ihre Kindheit in Ulm verbrachten. Aber auch andere,

◁ *Vorseite: Im Sommer ist das Donauufer die erste Anlaufstelle für hungrige und durstige Ulmer*

⌃ *Blickfang: Wie ein Keil teilt die Kunsthalle Weishaupt* ⑫ *die nördliche von der südlichen Altstadt*

Museen, die mit einer magentafarbenen Nummer (**30**) als Hauptsehenswürdigkeit ausgewiesen sind, werden im Kapitel „Ulm entdecken" ausführlich beschrieben. Dort finden sich auch alle praktischen Informationen wie Adresse, Öffnungszeiten usw.

unbekannte junge Ulmer, die Widerstand gegen den Nationalsozialismus leisteten, werden gewürdigt. Die DenkStätte ist im Erdgeschoss der VHS untergebracht und befindet sich nach Passieren des Haupteingangs gleich rechts.

❯ **Dokumentationszentrum im Fort Oberer Kuhberg 29**. In einer kleinen, aber beeindruckenden Ausstellung wird der Opfer des frühen Konzentrationslagers in einem Teil der ehemaligen Bundesfestung gedacht.

30 [A6] **Donauschwäbisches Zentralmuseum.** Das liebevoll gestaltete Museum in einem Teil der Bundesfestung ist ganz der Geschichte der deutschen Auswanderer in Südosteuropa gewidmet.

33 [E5] **Edwin Scharff Museum.** In Neu-Ulms bedeutendstem Museum lassen sich nicht nur viele Arbeiten des Ausnahmekünstlers bewundern, sondern auch Werke seiner Zeitgenossen. Wer mit seinem Nachwuchs unterwegs ist, wird vermutlich noch ein wenig länger in dem schmucken Bau im Neu-Ulmer Zentrum verweilen, denn das angeschlossene **Kindermuseum** lässt die Herzen kleiner Entdecker höher schlagen, die sich hier auf eine informative Reise durch den menschlichen Körper begeben können.

❯ **Haus der Stadtgeschichte,** im Schwörhaus **17**. Das kostenlos zugängliche kleine Museum bietet einen guten, kurzen Einblick in die Geschichte Ulms und ist daher besonders zu Beginn der Reise zu empfehlen.

28 [ai] **HFG-Archiv,** Am Hochsträß 8, www.hfg-archiv.ulm.de, Tel. 0731 1614370, geöffnet: Di.–So. und feiertags 11–17, Do. 11–20 Uhr, Eintritt: 3,50 €, ermäßigt 2,50 €. Die zwischen 1953 und 1968 bestehende Hochschule setzte europaweite Maßstäbe und gilt als eine der Vorreiter des modernen Industriedesigns. Ein Teil der Arbeiten, die hier geschaffen wurden, ist im Ulmer Museum **13** zu sehen, aber auch hier auf dem Hochsträß kann man mehr als 200 Exponate entdecken.

❯ **Klostermuseum,** im Kloster Wiblingen **31**. Das Museum im Konventbau des Klosters liefert Einblicke in die Geschichte der Anlage sowie das monastische Leben.

4 [C3] **Museum der Brotkultur.** Brot ist nicht nur ein Grundnahrungsmittel, sondern hatte für die Menschheit stets auch eine herausragende soziale und kulturelle Bedeutung, wie man in diesem privaten Museum im Ulmer Salzstadel aus dem 16. Jahrhundert erfahren kann.

29 [ah] **Museum in der Klostermühle,** Klosterhof 18, www.museum-soeflingen. de, geöffnet: nur während der Wechselausstellungen (die nicht immer stattfinden) So. und feiertags 14–17 Uhr (unbedingt vorher auf der Website informieren). Söflingen war bis 1905 eine eigenständige Gemeinde und hat sich bis heute seinen Stolz als recht eigenständiger Teil Ulms bewahrt. Das Haus informiert über die Geschichte des interessanten Orts, der nach der Reformation vielen Katholiken als Zufluchtsort diente.

30 [D3] **Naturkundliches Bildungszentrum,** Kornhausgasse 3, Anfahrt: Bus 4 oder 9 bis Haltestelle „Hafenoder Rosengasse", www.naturkundemuseum.ulm.de, Te. 0731 1614742, geöffnet: Sept.–Juli Di.–Fr. 10–16, Sa./So. und an Feiertagen 11–17 Uhr, Eintritt: 2,40 €, ermäßigt 1,50 €, Kinder bis 6 Jahre frei, freier Eintritt mit UlmCard.

Clever sparen mit der UlmCard

Die UlmCard bietet dem Besucher die Möglichkeit, an vielen Orten in der Stadt Geld zu sparen. Ihre Anschaffung lohnt sich bereits dann, wenn man an einer Stadtführung teilnehmen möchte, den öffentlichen Nahverkehr nutzt und ein oder zwei kulinarische Angebote wahrnehmen möchte oder eines der Museen besuchen will. Über Coupons kann man viele Museen **kostenlos besuchen,** in einigen Restaurants erhält man **Ermäßigungen** oder **kostenlose kleine Snacks.** Auch einige Geschäfte bieten Rabatte an.

> **UlmCard:** 12 € (1 Tag), 18 € (2 Tage). Erhältlich in der Tourist Information (s. S. 115), am DB-Service-Point im Hauptbahnhof und in einigen Museen und Hotels der Stadt.

050ul-mb

Das insbesondere für Kinder interessante Museum zeigt neben zahlreichen Versteinerungen aus der Schwäbischen Alb auch ausgestopfte Tiere und Mineralien, enthält aber auch einen Bereich, in dem der schädliche Einfluss des Menschen auf die Natur thematisiert wird. Star des Museums ist ein ausgestopfter Bär aus Kamtschatka, der den Besucher im Erdgeschoss freundlich lächelnd empfängt.

31 Oldtimerfabrik Classic, Lessingstraße 5, Neu-Ulm, www.oldtimerfabrik-classic.de, Tel. 0731 70511844, geöffnet: Mo.–Sa. 8–18, So. 10–18 Uhr, Eintritt frei. Vor wenigen Jahren erfüllten sich einige Oldtimerfans aus der Region im unscheinbaren Neu-Ulmer Industriegebiet einen Traum: In einer alten Kanonenfabrik, die um einen modernen Anbau ergänzt wurde, sind auf zwei Ebenen über 80 Oldtimer und einige historische Motorräder ausgestellt. Für Autofans eine tolle Sache! Angeschlossen ist eine kleine Bar, in der es auch etwas zu essen gibt, gelegentlich finden Veranstaltungen statt.

13 [D4] **Ulmer Museum.** Im städtischen Museum wird eine breite Palette an Ausstellungsstücken gezeigt, die so beeindruckende Werke wie den Löwenmensch, aber auch moderne und Sakralkunst umfasst. Kombi-Ticket mit der Kunsthalle Weishaupt **12** erhältlich.

> Auch im **Ulmer Umland** gibt es teilweise sehr sehenswerte Museen. Ein absolutes Highlight ist das **urmu** (s. S. 63) in Blaubeuren, in dessen Sammlung sich auch die Venus vom Hohlen Fels befindet. Wer sich für alte römische Gräber interessiert, ist im **Günzburger Heimatmuseum** (s. S. 70) bestens aufgehoben und Fans des Dichters **Christoph Martin Wieland** finden in Biberach an der Riß **40** ein schönes Museum vor, das über Leben und Werk des Shakespeare-Übersetzers informiert.

Galerien

⑫ [D4] Kunsthalle Weishaupt. Der architektonisch beeindruckende Bau zeigt wechselnde Meisterwerke aus der Sammlung der Industriellenfamilie. Ein Besuch lässt sich gut mit dem Ulmer Museum ⑬ kombinieren, das über einen Steg in luftiger Höhe erreichbar ist.

☎33 [D4] Kunstverein Ulm im Schuhhaussaal, Kramgasse 4, www.kunstverein-ulm.de, Tel. 0731 66258, geöffnet: Mo./Di. nur nach telefonischer Vereinbarung, Mi.–Fr. 14–18, Sa./So. 11–17 Uhr, Eintritt frei. Der Kunstverein Ulm besteht seit fast 150 Jahren. Im historischen Renaissancesaal des Zunfthauses der Schuhmacher werden wechselnde kleine Ausstellungen zeitgenössischer Künstler gezeigt.

❸ [C4] Stadthaus. Im nicht von allen Ulmern geliebten Bau von Richard Meier werden wechselnde Ausstellungen mit sehr unterschiedlicher Thematik gezeigt.

☎34 The Walther Collection, Reichenauer Straße 21, http://walthercollection.com, Tel. 0731 1769143, nur geführt zu besichtigen und nach telefonischer Buchung von Donnerstag bis Sonntag. Bedeutende Galerie im Neu-Ulmer Stadtteil Burlafingen. Der Gründer Artur Walther funktionierte sein Elternhaus zu einer Galerie um, gab ihr einen neuen Anstrich und nutzt zwei weitere Gebäude als Ausstellungsfläche. Hier und in New York, dem zweiten Standort der von einer Stiftung geführten Sammlung, werden Werke internationaler Fotografen und Videokünstler gezeigt.

◁ *Ein Bär aus Kamtschatka empfängt im Naturkundlichen Bildungszentrum (s. S. 73) die Besucher*

EXTRATIPP

Herr Zopf's Friseurmuseum

Das – abgesehen vom Brotmuseum ❹ – womöglich ungewöhnlichste Museum der Doppelstadt befindet sich in Neu-Ulm: Über 600 Stücke umfasst die Sammlung von Herrn Zopf (ja, der Mann hat den passenden Namen für diesen Beruf), ein Teil davon ist bei der Deutschen Friseurakademie in Neu-Ulm zu sehen, darunter viele skurrile Stücke. Auf jedem Quadratmeter der Ausstellungsräume merkt man dem Betreiber seine Liebe zum Detail an.

🚇32 [di] Herr Zopf's Friseurmuseum, Dieselstraße 4 (im Orange Hotel), Neu-Ulm, http://deutsche-friseurakademie.de/friseurmuseum, geöffnet: Sa., Mo. 10–17 Uhr. Besichtigung (ab 5 Personen) nach vorheriger telefonischer Anmeldung unter Tel. 0731 378465722 möglich. Eintritt: 7,50 €, ermäßigt 2,50 €.

Kunst unter freiem Himmel

Kunst begegnet einem in Ulm auf Schritt und Tritt – und das nicht nur in den Museen, sondern auch unter freiem Himmel. Fast 400 Kunstwerke im weiteren Sinne zieren den öffentlichen Raum, einige an prominenter Stelle wie der „**Red Dog for Landois**" von der Pop-Art-Ikone Keith Haring in der Neuen Mitte (s. S. 32), die „**Drei Männer im Boot**" von Edwin Scharff (s. S. 57) auf dem Neu-Ulmer Rathausplatz oder das Einstein-Monument in der Bahnhofstraße [A3] gegenüber der Sparkasse.

Andere sind deutlich älter, aber ebenso beeindruckend: beispielsweise die zahlreichen Detailarbeiten an den Häuserfassaden im Fischerviertel **18** oder auch die Arbeiten an den Fassaden von Münster **1** und Rathaus **14**.

Interessant ist, dass Skulpturen, Kunstwerke und Denkmäler aus lediglich zwei „Epochen" die Ulmer Kunst im öffentlichen Raum dominieren: Das **Mittelalter** hat in Form der zahlreichen Brunnen, die eigentlich auf keinem der Ulmer Plätze fehlen dürfen, ebenso seine Spuren hinterlassen wie die Zeit **ab den 1960er-Jahren.**

Bis heute entstehen immer wieder beeindruckende Werke, die für jedermann sichtbare Zeichen der Ulmer Liebe zur Kunst darstellen. Aus anderen Epochen haben sich hingegen nur wenige Werke erhalten, denn im ehemals stark protestantisch geprägten Ulm legte man keinen großen Wert auf monumentale Kunstwerke.

Ein wichtiger Anlaufpunkt ist der **Kunstpfad** (s. S. 49). Vor allem rund um die Universität kann man auf dem Oberen Eselsberg nicht nur herrlich spazieren, sondern nebenbei auch die Arbeiten teils weltbekannter Künstler wie Niki de St. Phalle bewundern.

EXTRATIPP

Ein Spatz an (fast) jeder Ecke

Um den Erhalt des baufälligen Südturms des Münsters zu sichern, wurde 2001 die Aktion „Spatzeninvasion" ins Leben gerufen. Fast **270 Spatzenfiguren** zierten einige Monate lang die Ulmer Innenstadt. Die etwa kindsgroßen Vögelchen trugen unterschiedliche Kostüme, die oft in Zusammenhang mit dem Ort standen, an dem sie aufgestellt worden waren. Somit gab es Donauschachtelspatzen, Beamtenspatzen oder auch Spätzlespatzen. Nach einem halben Jahr wurden die Piepmätze versteigert und die stolze Summe von ca. 350.000 Euro kam dem Erhalt des Münsters zugute. Da sich einige Geschäfte und Institutionen nicht von „ihren" Spatzen trennen wollten, ersteigerten sie sie gleich selbst und daher bekommt man sie auch heute noch an vielen Orten in der Stadt zu sehen.

Tipp für Eltern: Wenn der Stadtbummel durch Ulm für die Kinder zu anstrengend sein sollte, motiviert die Suche nach den Spatzen den Nachwuchs mitunter (wer die meisten Spatzen findet, gewinnt) und falls man doch nicht genug Vögel finden sollte, kann man immerhin noch Spatzendreckle im Café Tröglen (s. S. 85) erwerben, das deutlich besser schmeckt, als es der Name vermuten lassen würde.

047ul-mb

◁ *Überall zu finden – der Ulmer Spatz*

Ulm für Genießer

052ul-fo©locrfa

Die Ulmer Restaurantlandschaft ist einer der großen Pluspunkte der Stadt: Über **450 kleinere und größere Gastro-Betriebe** warten auf Gäste. Feinschmecker können sich hier auf einiges gefasst machen, denn Ulm wartet nicht nur mit einer Reihe an exzellenten **schwäbischen Restaurants** auf, die trotz der aufwendig zubereiteten Köstlichkeiten oft erstaunlich günstig sind, sondern auch mit einer Reihe an **internationalen Lokalen**, sodass für jeden Geschmack etwas dabei sein dürfte. Die größte Konzentration an Restaurants findet sich im Fischerviertel ⑱, aber eigentlich trifft man in der Innenstadt auf Schritt und Tritt auf hervorragende Lokale und niemand wird die Heimreise hungrig antreten müssen.

Schwäbische Küche

Schwäbische Köstlichkeiten zählen zu den bekanntesten Gerichten in ganz Deutschland und sind weit über die Grenzen des Landes hinaus bekannt. Hier eine Übersicht der wichtigsten Gerichte, ohne die das Entziffern einer Ulmer Speisekarte schon mal zur Herausforderung werden kann:

Die wichtigsten Zutaten der schwäbischen Küche sind Eier und Kartoffeln, sie bilden die Grundlage für viele Gerichte. **Spätzle**, die vielleicht bekannteste schwäbische Speise, gibt es in allen Formen und Variationen. Meist werden sie als Beilage gereicht, eine Ausnahme bieten Käsespätzle, die so sättigend sein können, dass nach dem Verzehr garantiert niemand mehr von einer Beilage sprechen wird. Wer einmal versucht hat, Spätzle mithilfe eines Spätzlebretts und eines Spätzleschabers herzustellen, der weiß, dass die Herstellung „echter" Spätzle mehrere Stunden dauern kann. Einfacher geht es mit der Spätzlepresse (auch „Spätzleschwob" genannt), einer Art Knoblauchpresse in Groß oder mittels eines Spätzlesiebs oder Spätzlehoblers, bei denen die dicken Fäden direkt in das kochende Wasser plumpsen. Wer sich selbst an der Herstellung von Spätzle versuchen möchte, der kann sich einen Spätzleshaker besorgen, ein witziges Gimmick, das es in vielen Buchhandlungen der Stadt zu kaufen gibt und mit dem die Zubereitung angeblich binnen weniger Minuten gelingen soll.

 *Die leckere schwäbische Küche genießt man am besten im Freien, so wie hier bei einer Veranstaltung auf dem Münsterplatz* ❷

Gastro- und Nightlife-Areale
Bläulich hervorgehobene Bereiche in den Karten kennzeichnen Gebiete mit einem dichten Angebot an Restaurants, Bars, Klubs, Discos etc.

Knöpfle unterscheiden sich hinsichtlich ihrer Zusammensetzung nur geringfügig von Spätzle, sind aber kleiner und oft kreisrund. Möglicherweise – so zumindest die allerdings nicht belegbare Theorie des Autors – stammt der Name Spätzle ja tatsächlich vom berühmten Ulmer Spatz, der einem an so vielen Orten der Stadt begegnet (s. S. 76).

Neben Spätzle gehören **Maultaschen** zu den Evergreens der schwäbischen Speisekarte. Die leckeren Teigtaschen gibt es mit verschiedenen Füllungen und in diversen Zubereitungsformen. Egal ob in einer Brühe, Suppe, gebraten oder mit zerlassener Butter und Zwiebeln garniert, gemein ist allen Formen ein EU-Siegel, das das zweite schwäbische Nationalgericht seit 2009 unter besonderen Schutz stellt.

Auch **Schupfnudeln** sind aus der schwäbischen Küche nicht wegzudenken. Die Teigwürstchen haben einen hohen Kartoffelanteil und werden kurz in Butter angebraten. Insbesondere mit Sauerkraut und einer Fleischbeilage sind sie ein Klassiker, der inzwischen auch in anderen Regionen Deutschlands serviert wird.

Bei der schwäbischen **Flädlesuppe** handelt es sich um ein einfaches, aber dennoch raffiniertes Gericht: Hierbei wird ein zuvor zubereiteter Pfannkuchen in dünne Scheiben geschnitten, die dann in einer Brühe kurz aufgekocht und in dieser serviert werden.

Wem nach so viel Teigwaren eher der Sinn nach etwas Fleischigem steht, für den ist der **Schwäbische Wurstsalat**, der neben viel Wurst und Zwiebeln auch einen ordentlichen Schuss Essig beinhaltet und im Vergleich zu seinem elsässischen Pendant ohne Käse daherkommt, sicherlich eine gute, wenn auch sehr gehaltvolle Alternative. Wer noch nie einen Wurstsalat probiert hat, sollte sich von der Bezeichnung „Salat" daher nicht täuschen lassen.

Zwiebelrostbraten wird traditionell an Festtagen gegessen, garniert wird der in Bratensoße gereichte Fleischbrocken meist mit Spätzle oder Knöpfle. Auch der **Gaisburger Marsch**, ein nach einem Stuttgarter Stadtteil benannter Eintopf aus Kartoffeln, Rindfleisch und Spätzle, findet sich auf so manch Ulmer Speisekarte. **Kutteln** sind mittlerweile aus vielen Lokalen verschwunden. Wenig verwunderlich, denn von Talg befreite Tiermägen sind nicht jedem Gast vermittelbar ...

Bei einem typisch oberschwäbischen Frühstück dürfen **Seelen** nicht fehlen. Sie sehen ein wenig aus wie Baguette und werden aus Dinkelmehl gebacken und mit Salz und Kümmel garniert. Man findet sie in vielen Bäckereien der Stadt.

Auch Naschkatzen werden an einem Ulm-Besuch ihre Freude haben. Sehr beliebt sind die **Ofaschlupfer**, Dampfnudeln mit Rosinen und Äpfeln, die im Ofen gebacken werden. Man erhält sie unter anderem im Lokal selben Namens (s. S. 81). Der etwas derbe Ausdruck **Nonnenfürzle** bezeichnet kleine Teigkugeln, die genauso zur schwäbischen Fastnacht gehören wie die festlichen Narrenkostüme. Die Kugeln werden zunächst angebraten und anschließend in Zucker gewendet und eignen sich auch als Snack für Zwischendurch. **Pfitzauf** („pfitzen" bedeutet aufgehen) sind kleine Teigportionen, die im Ofen aufquellen und mit verschiedenen Soßen oder **Kompott**, einer ebenfalls sehr beliebten Süßspeise, kredenzt werden.

Bei Zaiser (s. S. 85), der ältesten Bäckerei der Stadt, kann man zudem **Ulmer Zuckerbrot** erstehen, ein süßes Brot mit Rosenwasser und Anis, das bereits im 16. Jahrhundert bei Ulmer Ratsherren beliebt war.

Im Gegensatz zu manch anderen Regionen Deutschlands gibt es in Ulm viele Lokale, die sich der regionalen Küche verschrieben haben und in denen man viele der hier aufgeführten Köstlichkeiten verdrücken kann.

Restaurants

Schwäbische und bayerische Küche

Wer es gerne deftig mag, kann sich in Ulm vorkommen wie im Schlaraffenland. Insbesondere rund um das Fischer- und Gerberviertel gibt es zahlreiche Einkehrmöglichkeiten und urige, gemütliche Wirtshäuser. Viele von ihnen bieten auch bayerische Gerichte an.

39 [B5] **Allgäuer Hof** €-€€, Fischergasse 12, www.erstes-ulmer-pfannkuchen haus.de, Tel. 0731 67408, geöffnet: täglich 11.30–24 Uhr (warme Küche 11.30–21.30, Sa. bis 22.30 Uhr). Spezialität des Hauses, dessen Wurzeln bis ins 17. Jh. zurückreichen, als hier Allgäuer Flößer abstiegen, sind Pfannkuchen in allen erdenklichen Variationen. Daneben gibt es aber auch viele Salatvariationen und deftige Steaks. Die Weinkarte dürfte insbesondere Freunde süddeutscher Tropfen erfreuen, dann sollte man allerdings eher auf einen der herzhaften oder scharfen Pfannku-

chen zurückgreifen und die vielen süßen Varianten für den nächsten Besuch aufsparen.

40 [C4] **Barfüßer Ulm** €-€€, Lautenberg 1, www.barfuesser-brauhaus.de/ ulm/__Ulm.html, Tel. 0731 6021110, geöffnet: So.–Do. 10–1, Fr./Sa. 10–2 Uhr (warme Küche jeweils 11–23 Uhr). Gute, lokale Küche und mehrere Sorten hausgebrautes Bier (auch zum Mitnehmen) machen dieses Lokal bei Ulmern und Touristen gleichermaßen beliebt. Wöchentlich wechselnde Mittagsgerichte. Es existieren auch ein Ableger in Neu-Ulm und ein Biergarten im Neu-Ulmer Glacis-Park **35**.

41 [G3] **Barfüßer Neu-Ulm** €-€€, Paulstraße 4, Neu-Ulm, Tel. 0731 9744831, geöffnet: Mo.–Do. 10–24, Fr./Sa. 10–1, So. und feiertags 10–24 Uhr (warme Küche jeweils 11–23 Uhr)

42 [C5] **Gasthaus im Zunfthaus der Schiffleute** €-€€, Fischergasse 31, Tel. 0731 64411, www.zunfthaus-ulm.de, geöffnet: tägl. 11–24 (warme Küche 11.30–22 Uhr). Leckere schwäbische und deutsche Küche, hervorragender Service, saisonale Bierspezialitäten. Stolz ist man darauf, alle Produkte selbst herzustellen. Das historische Zunfthaus ist einer der Blickfänge am Fischerplätzle **20**. Der Biergarten erlaubt im Sommer einen schönen Blick auf die historische Karte von Belgrad, die sich an der gegenüberliegenden Häuserwand am sogenannten Schönen Haus befindet.

Preiskategorien

Die Preise beziehen sich auf ein Hauptgericht ohne Getränke:

€	bis 10 Euro
€€	10 bis 20 Euro
€€€	über 20 Euro

Für den späten Hunger

Da Ulm nicht gerade für sein ausschweifendes Nachtleben bekannt ist, muss man mitunter etwas suchen, wenn man nach 22 Uhr noch etwas zu essen finden möchte. Eine gute Anlaufstelle bildet das **Besitos** (s. S. 82), wo bis 24 Uhr geschlemmt werden darf. **Choclet** (s. S. 85) serviert seine Gerichte bis 23 Uhr, Fr./Sa. sogar bis 1 Uhr. Wer abends noch Lust auf einen Döner hat, ist bei **Lava** (s. S. 83) gut aufgehoben, am Wochenende gibt es hier gar bis 5 Uhr morgens noch etwas zu essen.

Der erste Kaffee

Wer in Neu-Ulm nächtigt, bekommt bei **Honold** (s. S. 84) ab 6 Uhr morgens einen guten Seeberger-Kaffee oder eine schwäbische Seele für unterwegs. Zur gleichen Zeit herrscht bei der **Bäckerei Zaiser** (s. S. 85) bereits Hochbetrieb, wenn die Ulmer vor der Arbeit noch eine Tasse Kaffee trinken und es aus der Backstube herrlich duftet. Wem eher nach einem Stück Torte zum Kaffee ist, der wird im **Café Tröglen** (s. S. 85) am Münsterplatz fündig, sollte dann allerdings etwas später aufstehen.

Vegetarisch und gesund

Die **schwäbische Küche** verfügt über viele vegetarische Gerichte und ist sehr teiglastig. In allen Ulmer Restaurants stehen immer auch **vegetarische Alternativen** zur Verfügung – mal mehr, mal weniger. Einen hervorragenden Überblick über Lokale mit veganen Gerichten bietet die Website http://vegtastisch.de/ulm. Für Ernährungsbewusste besonders geeignet sind diese Lokale:

➋**35** [A3] **adam & eve's** € , Bahnhofstraße 17, www.adamandeves.de, Tel. 0176 83127886, geöffnet: Mo.–Fr. 8–18, Sa. 8–14 Uhr. Der junge Inhaber hat sich die Herstellung von gesundem Fast Food auf die Fahne geschrieben. Alle Produkte stammen entweder aus der Region und/oder sind fair gehandelt. Neben den leckeren Bagels sollte man unbedingt eine der Salatvariationen versuchen, die man sich hier selbst zusammenstellen kann – inkl. Topping und Dressing. Eines der absoluten Lieblingslokale des Autors.

➋**36** [ah] **Erdapfel Bio-Bistro** € , Ochsengasse 41, www.erdapfel-bio-bistro.de, Tel. 0731 60318320, geöffnet: Mo.–Fr. 8–18, Sa. 8–14 Uhr. Das Erdapfel Bio-Bistro bietet viele leckere Gerichte für Ernährungsbewusste. Alle Zutaten stammen aus dem eigenen Bio-Markt. Das Angebot wechselt häufig und die Speisekarte beinhaltet stets auch vegetarische und vegane Spezialitäten.

➋**37** [F5] **Villa MaJo** €-€€ , Kasernstraße 24, Neu-Ulm, www.villa-majo.com, Tel. 0731 37855370, geöffnet: Di.–Sa. 17–22, Do./Fr. zusätzlich 11.30–14.30, Sa./So. 8–12.30 Uhr (Frühstück). Die Villa MaJo ist ein rein veganes Restaurant, das über eine kleine Speisekarte verfügt, deren Gerichte mit viel Liebe zubereitet werden. Wer schon immer mal einen veganen Döner probieren wollte (am „Dönerstag") oder, ganz schwäbisch, eine vegane Maultasche, der ist hier genau richtig.

Ausgiebig frühstücken

Sehr gut kann man bei **QMUH** (s. S. 84) und **Choclet** (s. S. 85) frühstücken, wo es eine riesige Auswahl gibt. Wer verschlafen hat, bekommt im Choclet sogar bis 19 Uhr abends noch Frühstück.

Wer aus Bayern nach Ulm kommt, muss übrigens in vielen Lokalen nicht auf die beliebte Sonntagsweißwurst verzichten. Sogar **Henry's Coffee World** (s. S. 85), ein Coffeeshop, bietet das beliebte Gericht neben klassischen Frühstücksgerichten an!

○43 [ah] **Klosterhof** €-€€, Klosterhof 46, www.klosterhof.de, Tel. 0731 38857978, geöffnet: So.–Fr. 11–23.30, Sa. 14.30–23.30 Uhr. Traditioneller Ulmer Biergarten im wunderschönen Klosterhof Söflingen ㉘. Große Anzahl an Salaten und schwäbischen Brotzeitgerichten. Spezialität des Hauses sind schwäbische Dinetten, eine Art „Schwaben-Pizza". Außerdem gibt es wechselnde Mittagsgerichte.

◐44 [C3] **Ofaschlupfer** €€, Kohlgasse 21, Tel. 0731 37443737, geöffnet: Di.–Sa. 11–22 Uhr. Der Name des Lokals leitet sich von einer schwäbischen Spezialität (s. S. 78) ab, die natürlich auch im Angebot sind. Es gibt schwäbische Gerichte, darunter viel Wild, und eine täglich wechselnde Karte. Im Sommer sitzt man draußen an winzigen Tischen und genießt den Anblick der schönen Gasse. Gut sortierte Weinkarte mit vielen württembergischen Tropfen.

◐45 [D3] **Pflugmerzler** €€€, Pfluggasse 6, www.pflugmerzler.de, Tel. 0731 6027044, geöffnet: Di.–Sa. 18–23 Uhr, im Winter verkürzte Öffnungszeiten. Leckere Steakgerichte in denkmalgeschützten Räumen. Die Geschichte des Hauses reicht bis ins Spätmittelalter zurück. Gut ausgesuchte Weinkarte.

◐46 [B4] **Restaurant zur Lochmühle** €-€€, Gerbergasse 6, www.lochmuehle-ulm.de, Tel. 0731 67305, geöffnet: tägl. So.–Fr. 10–24, Sa. 10–1 Uhr, warme Küche 11.30–14.30 und 17.30–22.30 Uhr. Gemütliche Wirtschaft mit vielen regionalen Bieren und Speisen. Das historische Fachwerkgebäude verfügt über eine Mühle aus dem 14. Jh. Bei gutem Wetter sitzt man im Freien und kann dem Mühlrad beim Klappern zuhören, bei schlechtem Wetter genießt man im gemütlichen Innern die hervorragende Küche.

◐47 [eg] **Schlössle** €€, Schlössleweg 3, Neu-Ulm, www.schloessle.com, Tel.

Lokale mit guter Aussicht

❯ **Bella Vista,** Münsterplatz 35 (im Kaufhaus Münstertor, s. S. 91), www.bellavista-ulm.de, Tel. 0731 6026966, geöffnet: Mo.–Sa. 8.30–19 Uhr. Die Café-Restaurant-Kombination bietet den perfekten Blick auf das Münster – vorausgesetzt, man ergattert einen Platz auf der Terrasse. Wenn die Sonne langsam untergeht, ist es hier sehr schön. Auch die Neue Mitte und der nordwestliche Münsterplatz können hier von oben bestaunt werden.

◐38 [F3] **Panorama** €€€, Basteistraße 40, in der 16. Etage des Maritim-Hotels, www.maritim.de, warme Küche Mo.–Sa. 18–23 Uhr (ab 15 Uhr Kaffee und Kuchen, auch So. 14–18 Uhr). Das Panorama-Restaurant des Maritim-Hotels bietet eine perfekte Sicht auf Ulm und Neu-Ulm. Die Küche ist raffiniert und international, weshalb hier vor allem Fans exotischerer Gerichte voll auf ihre Kosten kommen. Dazu gibt es eine große Auswahl hervorragender Weine. Wer sich einen guten Platz sichern möchte (also einen mit Blick aufs Münster), der sollte möglichst frühzeitig reservieren, gerade am Wochenende ist das Lokal beliebt.

❯ Auch von der **X-Lounge** (s. S. 88) genießt man einen tollen Blick über die Stadt.

0731 77390, geöffnet: Mo.–Mi. ab 17, Do.–So. ab 10.30 Uhr. Der weite Weg in den Neu-Ulmer Stadtteil Offenhausen lohnt sich, denn im Schlössle, in dem bereits Napoleon Quartier bezog, gibt es nicht nur eine große Speisekarte, mit deren Hilfe man seine Schwäbisch-Kenntnisse verbessern kann, sondern auch eine eigene Brauerei, deren „Georgs-Bier", ein dunkles Kellerbier, 2015 mit einem bedeutenden internationalen Bierpreis honoriert wurde. Wer sich in der urgemütlichen Stube an schwäbischen Klassikern wie Kutteln oder Spätzle gütlich getan hat, kann dann gleich noch ein paar Flaschen der Biere für die Daheimgebliebenen mitnehmen.

◢**48** [B4] **Wilder Mann** €-€€, Fischergasse 2, Tel. 0731 2058743, www.wildermann ulm.de, geöffnet: So.–Do. 11.30–1, Fr./ Sa. 11.30–3 Uhr, warme Küche Mo.– Fr. 12–14.30 und ab 17 Uhr, Sa./So. durchgehend bis 22.30 Uhr. Leckere Flammkuchen und Maultaschenvarianten, hervorragend sind auch die Vorspeisen. Der Renner ist die Flammkuchen-Pizza, auch die sehr große Gin-Karte weiß Kenner zu überzeugen, dazu gibt es hausgemachtes Tonic Water.

❯ **Wirtshaus zur Brezel** €-€€, Ulmer Gasse 8 (im Hotel Roter Löwe, s. S. 129), Tel. 0731 140890, www.wirtshaus-zur-bre zel.de, geöffnet: Mo.–Sa. 11–24 Uhr (warme Küche bis 22 Uhr). Bayerisch-schwäbische Küche, sehr aufmerksamer Service. Donnerstag ist „Haxntag", dazu gibt es viele Biere vom Fass und einige vegetarische und vegane Gerichte.

◢**49** [C5] **Zur Forelle** €€-€€€, Fischergasse 25, www.ulmer-forelle.de, geöffnet: Mo.–Fr. 11–15 und 17–24, Sa. 11–24, So. 11–22 Uhr. Rustikal-gemütliches Lokal mit hervorragenden Gerichten im ehemaligen Zunfthaus der Fischerleute mitten im Fischerviertel. Seit fast 400 Jahren werden hier zahlreiche Gerichte zubereitet, darunter das legendäre Forellenmenü. Natürlich kommen auch Fans der ansonsten weniger fischlastigen schwäbischen Küche voll auf ihre Kosten. Von der kleinen Terrasse neben der Steinbrücke hat man einen schönen Blick auf das Münster und die Blau.

◢**50** [C4] **Zur Zill** €-€€, Schwörhausgasse 19, www.zur-zill.de, Tel. 0731 1517787, geöffnet: Mo.–Do., So. 10–2, Fr. 10–4, Sa. 9–4 Uhr. Man kann sich in einem

historischen Gebäude aus dem 19. Jahrhundert oder draußen an der idyllischen Blau neben schwäbischen Gerichten auch viele verschiedene Weine und Cocktails munden lassen. Perfekt, um einen sommerlichen Abendspaziergang ausklingen zu lassen.

Internationale Küche

◢**53** [D4] **ándale** €€-€€€, Herdbruckerstraße 18, www.ochos-andale.de, Tel. 0731 1525454, Mo.–Fr. 17–22, Sa./So. 12–23 Uhr, WLAN. Leckere Klassiker der mexikanischen Küche und Cocktails. Im Sommer mit schöner Terrasse zur Donau. Von hier genießt man mit den besten Blick auf die Insel **32**.

◢**54** [C4] **Besitos** €€, Neue Straße 71, www.besitos.de, Tel. 0731 1847987, geöffnet: tägl. ab 11 Uhr, warme Küche bis 24 Uhr, WLAN. Sehr beliebtes spanisches Lokal mit einer großen Auswahl an Tapas, wechselnden Wochengerichten und großer Cocktailkarte. Am Wochenende sehr beliebt bei jungen Ulmern, daher sicherheitshalber reservieren.

◢**55** [E3] **Goldener Bock** €€-€€€, Bockgasse 25, www-goldener-bock-ulm. de, Tel. 0731 14417555, geöffnet: Di.–So. 12–14.30 und 17.30–22.30, Sa. 17–24 Uhr. „Vini & Cucina" lautet das Motto dieses italienischen Restaurants in der östlichen Innenstadt. Hier wird wirklich alles geboten, was die anspruchsvolle italienische Speisekarte bereithält. Zu den vielen leckeren Fleisch- und Fischgerichten kann man aus einer sehr großen Weinkarte bestellen und wird hervorragend beraten.

◢**56** [D5] **Insel vom Stein** €€-€€€, Insel 1, Neu-Ulm, www.insel-vom-stein.de, Tel. 0731 71884171. Edle Steakvariationen, auch Exotisches wie Pferdefilet. Das Fleisch stammt aus unterschiedlichen Ländern wie Neuseeland oder Argentinien. Dazu genießt man am besten einen der erlesenen Whiskeys oder einen kräf-

Speisen wie die Patrizier

Das Haus Drei Kannen stellt in zweierlei Hinsicht eine Besonderheit dar: Zum einen ist das Gebäude aus dem 16. Jahrhundert in architektonischer Hinsicht sehr interessant, andererseits beherbergt es ein uriges Lokal, in dem eigenes Bier ausgeschenkt wird, und einen wunderschönen Biergarten, was der Umgestaltung des Innenhofs als Rankenlaube Anfang des 20. Jahrhunderts zu verdanken ist. Zu essen gibt es hier neben zahlreichen schwäbischen Gerichten auch einige deftige bayerische Spezialitäten.

51 [D3] **Historisches Brauhaus Drei Kannen** €-€€, Hafenbad 31/1, www.dreikannen.de, Tel. 0731 67717, geöffnet: tägl. 11–24 Uhr, warme Küche bis 22, So. bis 21.30 Uhr

Essen auf der Donau

Seit 2014 kann man mitten auf der Donau speisen! Im Bootshaus werden edle Gerichte kredenzt, während man der entspannenden Musik lauschen kann und dabei den Blick aufs Wasser oder auf die Neu-Ulmer Insel **32** genießt. Im Sommer bietet die Terrasse ein noch schöneres Erlebnis. Natürlich haben die Top-Lage und die wunderbare Aussicht ihren Preis. Wer allerdings mittags eines der täglich wechselnden Gerichte verkostet, ist bereits mit unter 10 € pro Person dabei und kann die raffinierten nationalen und internationalen Gerichte probieren ...

52 [E4] **Bootshaus Ulm** €€€, Gänslände 10, www.bootshaus-ulm.de, Tel. 0731 20746497, geöffnet: tägl. ab 9 Uhr

053ul-mb

tigen Rotwein. Beilagentipp: Süßkartoffelpommes und als Vorspeise eine leckere Hokkaido-Kürbissuppe. Service wird hier noch großgeschrieben, und wer im Sommer da ist und die Sonne hinter dem Münster untergehen sieht, weiß, wie schwer die Abreise fallen wird.

57 [B4] **Lava** €, Glöcklergasse 4, Tel. 0731 37935770, geöffnet: So.–Do. 8–23, Fr./Sa. 8–5 Uhr. Gutes, türkisches Restaurant mit modernem Interieur. Die Portionen sind sehr reichhaltig und man bekommt hier auch spät am Abend noch etwas zu essen. Dem glei-

chen Besitzer gehört auch die Shishabar im Obergeschoss, weshalb die Tische im Freien mitgenutzt werden können.

🍴**58** [C3] **metá** €€–€€€, Platzgasse 20, www.meta-ulm.de, Tel. 0731 7083424, geöffnet: Mo., Mi./Do. 11.30–15 und 17.30–24, Di. 11–15 und 17.30–24, Fr./Sa. 11.30–15 und 17.30–1, So. 11–15 und 17.30–22 Uhr, WLAN. Das metá ist eine Mischung aus gediegener Bar und Restaurant mit griechisch-zypriotischer Küche jenseits von großen Grillplatten. Entspannende Musik und der zuvorkommende Service machen das Lokal zu einem guten Anlaufpunkt für ein leckeren Glas Wein.

🍴**59** [C4] **QMUH** €–€€, Lautengasse 4, www.qmuh.de, Tel. 0731 6028866, geöffnet: So.–Do. 9–1, Fr./Sa. 8–2.30 Uhr, WLAN. Steakhouse mit günstigen Burgern. Sehr gutes Frühstück, auch Weißwürste gibt es hier.

🍴**60** [E5] **Sushi Wok** €, Marienstraße 8, Neu-Ulm, www.sushi-wok-neu-ulm.de, Tel. 0731 71883815, geöffnet: Mo.–Fr. 11–22, Sa. 11–21 Uhr. Die schmuck-

lose Fassade täuscht: Bei Nguyen Thanh Son gibt es nicht nur eine gigantische Auswahl an chinesischen und thailändischen Speisen (weit über 300 Gerichte!), die man wahlweise mit einem kühlen Ulmer Bier oder einem Glas Litschinektar runterspülen kann, sondern auch hausgemachtes Sushi und ein reichhaltiges Mittagsbüfett.

Cafés/Stehcafés

🍴**61** [E5] **Bäckerei Honold,** Marienstraße 10, Tel. 0731 72565050, geöffnet: Mo.–Fr. 6–18, Sa. 6–13 Uhr. Kleine Bäckerei mit Stehcafé und im Sommer mit kleinen Tischchen im Freien. Tra-

△ *Auf dem Fischerplätzle [C5] geht es im Sommer hoch her*

ditionelle Backwaren, darunter auch viel Schwäbisches. Dazu gibt es echten Seeberger-Kaffee. Gut geeignet, wenn man in Neu-Ulm wohnt oder es besichtigt, denn Donau und St. Johann Baptist sind nicht weit. Mehrere Filialen in Ulm/Neu-Ulm.

🔴62 [C3] **Bäckerei Zaiser,** Herrenkellergasse 17, Tel. 0731 62216, geöffnet: Di.–Fr. 6–18, Sa. 6–13.30 Uhr. Die älteste Bäckerei der Stadt wirkt ein wenig wie aus der Zeit gefallen. Hier gibt es zwar auch einen modernen Kaffeeautomaten, aber ansonsten scheint noch alles so wie um das Jahr 1900. Die Ulmer kommen gerne ins Stehcafé, um ein Schwätzchen zu halten oder um an den Tischen im Freien ein Plunderstück zu essen. Zaiser bietet auch das Ulmer Zuckerbrot an, ein süßes Brot, zu dem Marmelade oder Honig sehr gut passen. Auch einen Münsterkuchen gibt es hier.

🔴63 [C3] **Brettle,** Rabengasse 10, http://brettle-ulm.de, Tel. 0731 66502, geöffnet: Mo.–Do. 10–1, Fr. 10–2, Sa. 8–2, So. 10–1. Kein reines Café, sondern eine Kombination aus Café und Restaurant mit kleiner Speisekarte. Mit leckerem Frühstück am Wochenende und sehr günstigem Mittagstisch, bei dem man auch mit kleinem Geldbeutel in die schwäbische Speisekarte hineinschnuppern kann. Tatort-Fans können hier sonntagabends bei guter schwäbischer Hausmannskost mit Gleichgesinnten einen spannenden Abend verbringen (Reservierung notwendig) und raten, wer der Mörder ist. Gelegentlich auch Livemusik.

🔴64 [C3] **Café Tröglen,** Münsterplatz 5, 0731 66294, www.cafe-troeglen.de, Mo.–Sa. 8–18.30, So. 10–18.30 Uhr. Traditionscafé mit hervorragenden Torten und Pralinen. Schöner Blick auf das Münster und den Markt. Legendär sind die patentierten „Einsteinköpfe", von denen es bei Vorzeigen der UlmCard

(s. S. 74) ein Exemplar kostenlos gibt. Aber auch das „Ulmer Spatzendreckle" und ein „Ulmer Küssle" sollte man versucht haben!

🔴65 [C5] **Cafe Ulmer Münz,** Schwörhausgasse 4/1, www.cafe-ulmer-muenz.de, Tel. 0731 1517887, geöffnet: Di.–So. 11–21 Uhr, in der Nebensaison auch Di. geschlossen. Nettes, kleines Café in der historischen Münzstätte aus dem 18. Jahrhundert, von der Terrasse mit tollem Blick auf das Schiefe Haus **19**. Kleine Speisekarte (12–14 und 18–21 Uhr) und große Auswahl an Kuchen.

🔴66 [D4] **Choclet,** Herdbruckerstraße 14, www.choclet.info, Tel. 0731 9608213, geöffnet: Mo.–Do. 9–1, Fr./Sa. 9–2, So. und feiertags 10–1 Uhr, WLAN (nach Ticket fragen). Stylishes Café unterhalb des Rathauses. Von der Terrasse genießt man einen schönen Blick auf die Insel **32** und die Donau. Ideal zum Frühstücken, es gibt aber tagsüber auch leckere Hauptgerichte (11–23, Fr./Sa. bis 1 Uhr).

🔴67 [B3] **Henry's Coffee World (1),** Bahnhofstraße 10, www.henrys-coffee.de, Tel. 0731 6028551, geöffnet: Mo.–Fr. 8–12, Sa. 8–14, So. 9–14 Uhr, WLAN. Das Henry's ist mehr als nur ein Café. Das Konzept erinnert an eine bekannte amerikanische Coffeeshop-Kette, aber dort dürfte es wohl eher keine Weißwürste zu den vielen Kaffeevarianten und dem guten Frühstück geben. Barrierefrei, Wickelraum. Weitere Filialen:

❯ **Henry's Coffee World (2),** Blaubeurer Straße (im Blautal Center, s. S. 90), Tel. 0731 9316681

🔴68 [C4] **Henry's Coffee World (3),** Hirschstraße 5, Tel. 0731 6031900

🔴69 [C3] **Kammerzelt,** Kohlgasse 4, Tel. 0731 80269518, geöffnet: Mo.–Fr. 9–21, Sa. 9–22, So. 10–20 Uhr, WLAN. Niedliches, kleines Café, in dem man auch Kaffee- und Schokoladenspezialitäten sowie Wein kaufen kann.

08Oui-foï©Manuel_Schoenfeld

Ulm am Abend

Wer abends auf ein kühles Bier in eine **Wirtschaft** oder in einen **Biergarten** möchte, der ist in Ulm genau richtig und findet im Fischerviertel ⓲ und in den Straßen rund ums Münster ❶ eine relativ hohe Dichte an Restaurants, die in den Sommermonaten wie Biergärten anmuten, wenn die vielen Tische nach draußen gestellt werden.

Wem mehr der Sinn nach Kultur steht, der findet in der Donaustadt und ihrem südlichen Nachbarn jeweils ein **Theater** vor. In den Sommermonaten werden in Ulm und Neu-Ulm zahlreiche Freiluftkonzerte dargeboten, wer Augen und Ohren offenhält,

▱ Abends lohnt sich der Weg nach Neu-Ulm, denn von hier genießt man den besten Blick auf die historische Skyline der alten Reichsstadt

kommt dann im Glacis-Park ㉟ und in der Friedrichsau ㉔ voll auf seine Kosten. Highlight des Theaterspielplans ist aber der Juli, wenn die Wilhelmsburg ㉖ zu neuem Leben erwacht (Ulmer Theatersommer).

Auf **Kinofans** warten in Ulm und Neu-Ulm gleich mehrere **Lichtspielhäuser**, die sowohl Filme mit Anspruch als auch Blockbuster zeigen.

Wer die Nacht durchtanzen möchte, dem sei gesagt, dass in Ulm die Bürgersteige zwar ab 23 Uhr nicht hochgeklappt werden, dass er aber dennoch etwas suchen muss, um eine **Diskothek** zu finden, denn diese sind häufig eher klein und befinden sich mitunter auch etwas außerhalb.

Jazz und Rock

Freunde des Jazz können sich über den Verein zur Förderung des New Orleans Jazz bzw. deren Website www.jazz-in-ulm.de über Konzerte in Ulm und Neu-Ulm informieren, allerdings finden diese eher unregelmäßig statt.

> Im **Roxy** (s. S. 89) ist eigentlich immer etwas los. Häufig gibt es hier Rockkonzerte, aber man ist keinem bestimmten Sound verpflichtet, weshalb auch Fans anderer Stilrichtungen auf ihre Kosten kommen.

⊙71 [df] **Sauschdall**, Prittwitzstraße 10, www.sauschdall.de, Tel. 0731 601210. Der ehrenamtlich betriebene Sauschdall (Schweinestall) ist eine echte Ulmer Institution. Seit über 50 Jahren wird hier in einem ehemaligen Teil der Bundesfestung in der Nähe der Hochschule „gejammt". Hier traten bereits Größen wie Jan Garbarek auf. Neben klassischen Jazzkonzerten finden hier auch die beliebten „Game & Jam"-Spieleabende statt, bei denen man immer montags ab 21 Uhr bei Brettspielen den Sessions regionaler Nachwuchskünstler lauschen kann (Eintritt frei).

Klassische Musik und Theater

⊙72 [B2] **Theater Ulm,** Herbert-von-Karajan-Platz 1, www.theater.ulm.de, Tel. 0731 1614500, ermäßigte Tickets mit UlmCard (s. S. 74). Das städtische Theater ist zwar erst seit 1969 in seinem ungewöhnlichen Gebäude unweit des Bahnhofs untergebracht, dennoch ist es ein Haus mit langer Tradition, denn seine Wurzeln reichen bis ins 17. Jahrhundert zurück, was es zum ältesten städtischen Theater Deutschlands macht! Herbert von Karajan, der hier einst wirkte, dient als Namensgeber des Platzes vor dem Theater. Gezeigt werden neben klassischen Opern und Schauspiel auch Ballettvorführungen und moderne Inszenierungen, was das Haus bis weit über die Grenzen der Stadt bekannt macht. Tickets können bequem online (Reiter „Kartenkauf"), postalisch oder direkt vor Ort erworben werden. Eine Besonderheit ist der **Ulmer Theatersommer,** wenn alljährlich meist ein klassisches Schauspiel und ein Musical auf der Wil-

helmsburg ㉖ aufgeführt werden. Dann erwacht die alte Bundesfestung zum Leben und auf der Wilhelmsburg herrscht Volksfestcharakter.

⊙73 [E5] **Theater Neu-Ulm,** Hermann-Köhl-Straße 1–5, www.theater-neu-ulm. de, Tel. 0731 553412. Das erst 1994 gegründete, privat geführte Schauspielhaus genießt in der Region einen guten Ruf. Gezeigt werden neben Theater, häufig werden auch Eigenproduktionen aufgeführt. In den Stücken spielt oft auch ein Schuss Regionales mit rein, weshalb man hier einen guten Einblick in die „Neu-Ulmer Seele" bekommt.

Kinos

🎬74 [B4] **Xinedome,** Am Lederhof 1, www. xinedome.de. Im modernsten und größten Kino der Stadt (u. a. 3-D-Filme) werden in acht Sälen Filme für den Massengeschmack gezeigt. Angeschlossen sind die X-Lounge (s. S. 88), wo man leckere Cocktails schlürfen kann, und das Chillys, ein gutes mexikanisches Restaurant.

🎬75 [ei] **Dietrich Theater,** Marlene-Dietrich-Straße 11, www.cineplex.de/ neu-ulm, Neu-Ulm. Das größte Kino in Bayerisch-Schwaben zeigt in sagenhaften 11 Sälen neben neusten 2-D- und 3-D-Blockbustern auch gelegentlich Liveübertragungen aus den großen Opernhäusern dieser Welt. Zur gleichen Gruppe wie das Dietrich gehören auch die drei im Folgenden aufgeführten kleinen Kinos in Ulm, in denen vor allem Independent- und Arthouse-Filme gezeigt werden. Das Programm aller drei Kinos ist über www.cineplex.de/ulm aufrufbar.

🎬76 [D2] **Lichtburg,** Frauenstraße 61. Frisch renoviertes Kino mit über 60-jähriger Tradition.

🎬77 [D3] **Mephisto,** Rosengasse 15. Ebenfalls saniertes Kino mit zwei Sälen, die auch gemietet werden können.

Smoker's Guide

In **Ulm** gilt das baden-württembergische **Nichtraucherschutzgesetz,** das auch Gaststätten umfasst. Ausnahmen bestehen nur in eigens eingerichteten Raucherräumen von Kneipen, Restaurants und Diskotheken sowie in Bierzelten. Die Situation in **Neu-Ulm** unterscheidet sich von der in der Schwesterstadt dadurch, dass in Bayern das Rauchen in Gaststätten grundsätzlich untersagt ist, was auch auf Fest- und Bierzelte zutrifft.

Raucher finden in den folgenden Lokalen in Ulm noch Unterschlupf:

❯ **Bierakademie** (s. S. 88). Im gesamten Lokal darf nach Herzenslust geraucht werden.

❶**70** [B4] **Kulisse,** Weinhofberg 8, Tel. 0731 619492, www.kulisse-ulm.de, geöffnet: Mo.–Mi. 16–24, Do. 16–2, Fr. 16–4, Sa. 15–4, So. 15–22 Uhr. Beliebte Bar/Kneipe mit schöner Terrasse und kleiner, aber guter Speisekarte. Im gesamten Lokal kann man rauchen, der Zutritt ist daher erst ab 18 Jahren möglich.

❯ **Obscura,** Schillerstraße 1. Kleines Kino mit zwei Sälen in den Hallen des legendären Roxy (s. S. 89).

Bars/Weinstuben

❶**78** [D4] **Bossa Nova,** Judenhof 10, http://cafe-bossanova.de, Tel. 0731 3793244, geöffnet: Mo.–Mi. 8.30–20.30, Do.–Sa. 8.30–24, So. und feiertags 10–18 Uhr. Beliebte(s) Bar/Café. Im Sommer sitzt man hier schön im Freien, gelegentlich werden auch Konzerte geboten.

❯ **metá** (s. S. 84). Sehr entspannte Bar-Restaurant-Kombinaten in der nördlichen Altstadt.

❯ **X-Lounge,** Am Lederhof 1 (im Xinedome, s. S. 87), http://x-lounge.de, Tel.

0731 1402023, geöffnet: Mo.–Fr. ab 14, Sa./So. ab 11 Uhr. Schicke Lounge im Herzen der Stadt im Kinokomplex Xinedome. Nicht nur Filmfans kommen hier auf ihre Kosten, denn besonders im Sommer lohnt ein Blick von der schönen Dachterrasse. Die Auswahl an Cocktails ist groß, die Preise liegen eher im Mittelfeld. Mit der UlmCard (s. S. 74) erhält man zwei Cocktails zum Preis von einem.

❶**79** [C3] **Yamas** €€–€€€, Herrenkellergasse 29, www.yamas-ulm.de, Tel. 0731 4078614, geöffnet: Di.–So. 11.30–15 und 17–24 Uhr. Im modernen Innern des Lokals der netten griechischen Betreiber kann man eines der zahlreichen mediterranen Gerichte probieren. Von der Auswahl der Weine, die man dazu bestellen kann, wird man als Gast schier erschlagen, sodass man sich am besten beraten lässt. Wer sich nicht entscheiden kann, kann gleich eine Flasche mit nach Hause nehmen, denn auch das ist möglich. Sehr guter Mittagstisch.

Biergärten und Kneipen

Die Anzahl der Kneipen in der Doppelstadt ist eher überschaubar, aber die Wirtschaften werden abends oft zu Kneipen umfunktioniert und die Ulmer gehen selbst gern in die schwäbischen Lokale, um einen Plausch zu halten oder ein Bier zu trinken. Die Dichte an Biergärten ist hingegen beachtenswert. Es gibt kaum einen Park in Ulm und Neu-Ulm, in dem man nicht zumindest ein schattiges Plätzchen findet, wo man etwas zu essen und zu trinken bekommt.

❍**80** [E3] **Bierakademie,** Am Gänsturm, Tel. 0731 28456, tägl. 10–24, Sa. 10–1 Uhr. Der Name ist Programm: In der Raucherkneipe wird eine riesige Bierauswahl geboten. Das Interieur ist rustikal. Die Bierakademie ist alles andere als Schickimicki, und wohl gerade deshalb so beliebt.

◒81 [E7] **Biergarten im Glacis Neu-Ulm,** Caponniere 6, Neu-Ulm, Tel. 0731 4006630, geöffnet: im Sommer Mo.– Do. ab 11, Fr.–So. und feiertags ab 10.30 Uhr, bei Dauerregen und Kälte geschlossen. Gemütlicher Biergarten im Glacis-Park. Angeschlossen sind ein Piratenspielplatz für Kinder und eine Veranstaltungsbühne, auf der im Sommer gelegentlich Konzerte stattfinden. WLAN.

◒82 [C3] **Capós Größenwahn,** Platzgasse 22, geöffnet: täglich 10 Uhr morgens bis open end. Unprätentiöse, geerdete Kneipe nördlich des Münsters. Kleine Imbissgerichte und Flammkuchen. Hier werden beinahe dauernd Sportübertragungen gezeigt, die man im Sommer im Freien über die riesigen Bildschirme anschauen kann, die hinter der Scheibe stehen.

❭ Das Lokal **Drei Kannen** (s. S. 83) ist bei Ulmern sehr beliebt. Der Biergarten gilt als einer der schönsten der Stadt.

❭ Die **Hundskomödie** (s. S. 44) in der Friedrichsau ist im Sommer ideal, um einen Spaziergang bei einem Bier und guter italienischer Küche ausklingen zu lassen.

◒83 [C4] **Trödler Abraham,** Kronengasse 12a, tägl. 20–3 Uhr. Am Wochenende beliebte, urige Kneipe, die insbesondere studentisches Publikum anlockt.

Discos/Klubs

Einen guten Überblick über das Nachtleben bietet die Seite www. team-ulm.de. Hier kann man sich über anstehende Partys und Konzerte und das aktuelle Kinoprogramm informieren. Ferner listet die Website die wichtigsten Discos, Bars und Restaurants in der Region auf. Darauf sollte man unter Umständen auch zurückgreifen, denn es ist keinesfalls so, dass man sich in Ulm ins Nachtleben „stürzen" kann, vielmehr gilt es, ein bisschen zu suchen:

Roxy – eine Ulmer Institution

◒88 [B6] **Roxy,** Schillerstraße 1/12, www.roxy.ulm.de, Tickets: Di.–13–18 Uhr. Im Roxy beim Donauschwäbischen Zentralmuseum ㉚ werden zahlreiche Kulturveranstaltungen unterschiedlicher Couleur geboten. Neben Theatervorführungen gibt es hier Poetry Slams, Kleinkunst und natürlich Konzerte satt.

◒84 [A5] **Frau Berger,** Ehinger Straße 19, http://frauberger.de, geöffnet: Mi. 22–3, Fr./Sa. 23–5 Uhr. Direkt am Busbahnhof Ehinger Tor befindet sich ein kleiner Ulmer Kult-Klub, in dem von House über Schlager bis Indie so ziemlich alles gespielt wird, wonach dem DJ der Sinn steht. Das Interieur ist modernstylish gehalten, aber überall finden sich nette kleine Details und Krimskrams aus dem 20. Jahrhundert. Mit separatem Raucherraum.

◒85 [C4] **Myers,** Lautenberg 1, Facebook: MyersClub. Abends bilden sich hier oft lange Schlangen – und das zu Recht, denn hier geht es am Wochenende hoch her. Überwiegend junges Publikum, viele Mottopartys.

◒86 [C3] **Theatro,** Hirschstraße 12, www. theatroclub.de. Sehr hippe Location, in der Wert auf gute Kleidung gelegt wird. Zu den Mottopartys strömen manchmal über 1000 Menschen in die Disco in einer Seitenstraße der Haupteinkaufsstraße Ulms. Je nach Abend werden unterschiedliche Stile aufgelegt, meist aber elektronische und Black Music.

◒87 [ei] **Wiley Club,** Wileystraße 4, Tel. 0731 86704, www.wiley-club.de. Früher vergnügten sich hier die amerikanischen Offiziere, heute kann jeder bei einer der legendären Mottopartys in Neu-Ulm das Tanzbein schwingen.

O5ul-mb

Ulm für Kauflustige

Ulm als Shoppingparadies zu bezeichnen, wäre sicher übertrieben, dennoch gibt es eine ganze Menge origineller und ungewöhnlicher Geschäfte. Während **Hirsch- und Bahnhofstraße** [B4] eher von Geschäften geprägt sind, die man so auch in anderen deutschen Großstädten findet, gibt es insbesondere **nördlich und östlich des Münsters** ❶ einige wirklich urige kleine Geschäfte, die Shoppingfans das Herz höherschlagen lassen – egal ob man nach origineller Damenmode sucht oder ein kulinarisches Souvenir mit nach Hause nehmen möchte. Hier sollte man sich einfach durch die kleinen Gassen treiben und so den ganz eigenen Charme der Stadt und ihrer Geschäfte auf sich wirken lassen, denn stets

◁ *Der Ulmer Markt bietet samstags und mittwochs neben Leckereien auch viele schöne Pflanzen*

wird man von den Mitarbeitern der vielen inhabergeführten Geschäfte, die teilweise seit Generationen hier ansässig sind, freundlich beraten.

Ein Shoppingbummel durch **Neu-Ulm** führt den Besucher zwar nicht durch solch prächtige kleine Gassen wie in Ulm, dafür hält die Stadt einige Tipps parat, die auch Ulmer immer wieder gerne über die Donau kommen lassen. Viele kommen auch wegen der Glacis-Galerie (s. S. 91) hierher, die an eine amerikanische Mall erinnert und nur wenige Shoppingwünsche offen lässt.

Waren- und Kaufhäuser

🔴**89** [ag] **Blautal Center,** Blaubeurer Straße 95, www.blautal-center.de, Kernöffnungszeit: Mo.–Sa. 9.30–20 Uhr. Auf 37.500 m² Verkaufsfläche können Kunden in einem der größten Einkaufszentren Süddeutschlands in den beinahe 100 Geschäften shoppen, essen oder verschiedene Dienstleistungen in Anspruch nehmen.

90 [F5] **Glacis-Galerie,** Bahnhofstraße 1, Neu-Ulm, www.glacis-galerie.de, geöffnet: Mo.–Sa. 9.30–20 Uhr, teilweise abweichende Öffnungszeiten einzelner Geschäfte. Die Fülle an Läden hier zu beschreiben, würde den Rahmen sprengen. Man stelle sich einfach vor, alle Annehmlichkeiten einer Mittelstadt wie Neu-Ulm würden unter ein Dach gepackt. So kann man hier nicht nur shoppen, sondern im Food Court auch gleich einen Happen essen. Und wer sich die Fingernägel lackieren lassen möchte oder mal eben mit dem Smartphone ins Internet will, ist hier ebenfalls richtig. Angeschlossen ist zudem ein großes Parkhaus.

91 [C4] **Kaufhaus Münstertor,** Münsterplatz 35, unterschiedliche Öffnungszeiten. Das Ensemble in Ulms Neuer Mitte hält einige Geschäfte bereit. Unter anderem befinden sich in dem von Stephan Braunfels entworfenen Gebäude, dessen keilförmige Struktur die Altstadt in zwei Hälften zu schneiden scheint, ein Juwelier und das beliebte Café Bella Vista (s. S. 81), von dem man einen sensationellen Blick auf das Münster genießt.

Kleidung, Schuhe und Schmuck

92 [B3] **Bielefelder Wäsche,** Dreiköniggasse 19, Tel. 0731 68240, geöffnet: Mo.–Fr. 9.30–18, Sa. 9.30–16 Uhr. Die Herstellung von Wäsche hat im westfälischen Bielefeld eine lange Tradition. Hier kann man nicht nur erlesene Stoffe und Deckchen erstehen, sondern auch Bettbezüge und Bademäntel von ausgezeichneter Qualität.

▷ *Dank eines Banners in Ulms Shoppingzone in der Hirschstraße [B4] kann man nachvollziehen, wie der Münsterturm Mitte des 19. Jh. noch aussah*

93 [B4] **Frauenzimmer Ulm,** Fischergasse 1, Tel. 0731 9691386, www.frauenzimmer-ulm.de, geöffnet: Mo.–Sa. 10–18 Uhr. Niedliche Boutique im Herzen des Fischerviertels mit bunter Damenbekleidung zum Wohlfühlen.

94 [C3] **La Voglia,** Pfauengasse 8, geöffnet: Mo.–Sa. 10.30–19 Uhr. Im La Voglia bekommt man schöne Damen- und Herrenschuhe aus Italien sowie Kleidung für Sie und Ihn direkt aus Florenz. Um das italienische Lebensgefühl perfekt zu machen, bietet der Laden auch gleich eine Auswahl an ausgezeichneten italienischen Weinen an.

056ul·mb

95 Lindenhof, Alte Römerstraße 66, Neu-Ulm, www.lindenhof-alpaka.de, Tel. 0179 9092750, geöffnet: Sa. 10–12 und 14–17 Uhr (auf Anfrage auch außerhalb der regulären Öffnungszeiten). Südlich von Neu-Ulm befindet sich am Ludwigsfelder See einer der außergewöhnlichsten Bauernhöfe der Region: Über 100 Alpakas hat es hierhin verschlagen. Die Tiere werden hier gezüchtet und man kann vor Ort Wolle kaufen, die frei von Chemie ist und für Allergiker besonders gut geeignet. Daneben gibt es auch fertige Produkte aus Alpakawolle wie Mützen, Decken oder Socken. Auf Anfrage lassen sich hier auch Kindergeburtstage veranstalten und Familie Maurer führt neugierige Gäste durch den Stall.

96 [C3] **Lumooli,** Dreikönigsgasse 5, geöffnet: Di.–Fr. 10–18, Sa. 10–16 Uhr. Niedliches kleines Geschäft mit Kindermode und -accessoires. Die Kleidungsstücke können hier auch individuell bedruckt werden und es gibt echte Made-in-Ulm-Shirts und Lätzchen für die Kleinen.

97 [C3] **Oxfam,** Pfauengasse 7, Tel. 38850115, www.oxfam.de/shops/ulm-fashion, Mo.–Fr. 10–19, Sa. 10–15 Uhr. Im Fashionshop der Hilfsorganisation werden von einem ehrenamtlichen Team gespendete Dinge verkauft. Neben hochwertiger Kleidung gibt es auch Accessoires und Schmuck. Der Verkaufserlös fließt in Nothilfe- und Entwicklungsprojekte sowie die Kampagnenarbeit von Oxfam.

98 [D4] **Sieben Rosen,** Herdbrucker-straße 4, Tel. 0731 15979140, geöffnet: Mo.–Fr. 10–18, Sa. 10–14 Uhr, Mi. geschlossen. Frau Catalan, die Inhaberin, zaubert aus verschiedenen Materialien klassisch-elegante Schmuckstücke, wobei vor allem ihre schönen Kettenkreationen herausragen. Die Preise reichen von 20 bis 2000 Euro, sodass für jeden Geldbeutel etwas dabei sein dürfte.

99 [B4] **Wöhrl,** Hirschstraße 9, www.woehrl.de/ulm, Tel. 0731 632580, geöffnet: Mo.–Sa. 9.30–20 Uhr. Große Ulmer Dependance der in Süd- und Ostdeutschland aktiven Modekette. Vertreten sind viele namhafte Modemarken. Neben der fachkundigen Beratung zeichnet sich die Ulmer Niederlassung auch durch die Verbindung von Alt und Neu aus, wie man unter anderem an der schönen Fassade des Gebäudes festmachen kann.

Schätze aus der Vergangenheit

100 [B3] **Antiquariat Bader,** Walfisch-gasse 11, Tel. 0731 618618, geöffnet: Di.–Fr. 10–18, Sa. 10–14 Uhr. In diesem kleinen Antiquariat ist wirklich jeder Zentimeter mit Büchern gefüllt. Ein Wunder, dass der Inhaber stets den Überblick hat und zielsicher das richtige Buch findet. Im Angebot ist alles von klassischer Literatur bis zum modernen Ratgeber.

101 [C3] **Münzhandlung Heinrich Wickert,** Kohlgasse 13, Tel. 0731 68335, geöffnet: Mo.–Fr. 10–12 und 15–18, Sa. 9–13 Uhr. Wer ein ungewöhnliches Mitbringsel sucht, ist hier genau richtig, denn in diesem Geschäft gibt es neben antiken römischen Münzen auch afrikanisches Ringgeld, das eher einem schicken Schmuckstück gleicht. Wer seine Euromünzensammlung komplettieren möchte, findet hier natürlich auch etwas.

Bücher

102 [C3] **Herwig,** Münsterplatz 18, www.herwig-online.de, geöffnet: Mo.–Fr. 10–19, Sa. 9–18 Uhr. Die in einigen schwäbischen Städten vertretene Buchhandlung Herwig wurde auf der Frankfurter Buchmesse als Buchhandlung des Jahres 2014/2015 ausgezeichnet. In der Filiale am Münsterplatz gibt es neben allerhand Romanen und Kinderbüchern rechts neben dem Eingang auch ein reichhaltiges Angebot an Ulm-Literatur. Im Obergeschoss lässt das Kultlabel Zweitausendeins die Herzen von Klassik- und Jazzfans höherschlagen.

103 [B4] **Hugendubel**, Hirschstraße 26, www.hugendubel.de, geöffnet: Mo.–Sa. 9.30–20 Uhr, WLAN. Große Filiale der bekannten süddeutschen Buchhandlungskette. Kompetente Beratung, viel Ulm-Literatur im hinteren Bereich des Geschäfts, wo man sich auf den Sesseln gleich einlesen kann.

› Im Blautal-Center (s. S. 90) und in den Glacis-Galerien (s. S. 91) gibt es je eine gut sortierte Filiale der Kette **Thalia**.

Lebensmittel und Supermärkte

104 [D5] **CAP**, Krankenhausstraße 1, geöffnet: Mo.–Sa. 8–19 Uhr. Der Name CAP leitet sich vom englischen Wort *handicap* ab. Hier im Neu-Ulmer Norden erhalten Menschen mit Behinderung die Möglichkeit, einem ganz „normalen" Beruf nachzugehen. Der Supermarkt ist hervorragend organisiert und wer hier einkauft, unterstützt eine wirklich schöne Initiative.

105 [C3] **Käshäusle**, Dreiköniggasse 6, www.kaeshaeusle-ulm.de, Tel. 0731 9608206, geöffnet: Di.–Fr. 8.30–18, Sa. 8–13.30 Uhr. Neben leckeren Käsesorten, deren Duft den Verkaufsraum erfüllt, gibt es in diesem inhabergeführten Geschäft auch eine kleine Auswahl an regionalen Spezialitäten wie Weine oder Konfitüren. Wer die vielen hier angebotenen Köstlichkeiten nicht mit nach Hause schleppen kann oder will, kann auch bequem über den Onlineshop ein Ziegenkäse-Probierpaket bestellen.

◹ *Auch der Neu-Ulmer Markt (s. S. 94) lockt Einheimische wie Touristen an*

Shoppingareale
Die wichtigsten Shoppingbereiche der Stadt sind im Kartenmaterial mit einer rötlichen Fläche markiert.

106 [C3] **KornMühle**, Herrenkellergasse 8, http://kornmuehle-ulm.de, geöffnet: Mo.–Fr. 8–18.30, Sa. 8–16 Uhr. Im kleinen Bioladen mit angeschlossener Bio-Bäckerei erhält man neben regionalen und saisonalen Produkten als hungriger Spaziergänger auch einen gesunden Snack auf die Hand. Auch auf den Wochenmärkten in Ulm und Neu-Ulm vertreten.

Märkte

Auf dem nördlichen und westlichen Münsterplatz bieten Landwirte aus der Region mittwochs und samstags an Verkaufsständen jahreszeitliches und regional erzeugtes bzw. geerntetes Obst, Gemüse und Milchprodukte an, aber auch teils sehr exotisch anmutende Kräuter und sogar Schnecken!

› **Bauernmarkt Ulm**, Münsterplatz ❷, Mi. und Sa. 7–13 Uhr

EXTRATIPP

Einkaufen in Europas größtem Möbelhaus

Zugegeben, bei einem Kurztrip nach Ulm denken viele weniger an einen Möbelkauf, aber die schiere Menge an Objekten, die man bei Inhofer in Senden bekommt, ist so gigantisch, dass man einen Besuch in Europas größtem Möbelkaufhaus durchaus in Betracht ziehen sollte. Einer der größten Arbeitgeber der Region (1200 Mitarbeiter) bietet auf fünf Stockwerken von der Küche bis zum Bad alles, was das Einrichtungsherz begehrt (insgesamt eine halbe Million Artikel). Gut, dass man sich die Sachen auch nach Hause liefern lassen kann ...

🏠**110** Möbel Inhofer, Ulmer Straße 50, Senden, Tel. 07307 850, Anfahrt über B28 (Ausfahrt Senden) oder ab Neu-Ulm mit der Illertalbahn, geöffnet: Mo.–Sa. 9.30–19.30 Uhr

Auch in Neu-Ulm gibt es einen schönen Markt und da dieser ebenfalls Mi. und Sa. zu denselben Zeiten stattfindet, kann man die Shoppingtour hier gleich fortsetzen.

🏠**107** [E5] Wochenmarkt Neu-Ulm, Petrusplatz

Typische Ulm-Souvenirs

› Im Café Tröglen (s. S. 85) am Münsterplatz erhält man hervorragende handgemachte Ulmer Schokoladenkreationen, die sich sehr gut als Mitbringsel eignen, z. B. „Geistvolle Einsteinköpfle" oder „Spatzendreckle".

› Die Bäckerei Zaiser (s. S. 85) verkauft echtes Ulmer Zuckerbrot, das sich aufgrund seiner Konsistenz auch bis zur Rückkehr von der Reise hält. Die Rezeptur des Brotes geht auf das 16. Jahrhun-

dert zurück und heute wie damals kommen bei der Herstellung auch Rosenwasser und Anis zum Einsatz.

› Auch in der Tourist Information (s. S. 115) können viele Ulm-typische Souvenirs erstanden werden, darunter Modell-Schachteln, Spatzen aus Holz und vieles mehr.

Werksverkauf

Schleckermäuler aufgepasst: In der Region sind gleich mehrere bundesweit bekannte Hersteller von Leckereien zumindest mit Zweigstellen angesiedelt, die über ihren Werksverkauf besondere Konditionen bieten. Hier eine Auswahl:

🏠**108** Lambertz Outlet Neu-Ulm, Junkersstraße 4–6, Neu-Ulm, www.lambertz.de, geöffnet: Jan.–Sept. Mo.–Fr. 6.30–10 und 11–14.30 Uhr. Hier kann man sich rechtzeitig zur Weihnachtszeit mit Dominosteinen, Lebkuchen und allen anderen Weihnachtsleckereien des Aachener Traditionsunternehmens eindecken.

🏠**109** Seeberger's Shop & Café, Hans-Lorenser-Straße 36, www.seeberger.de, geöffnet: Mo.–Fr. 7.30–18, Sa. 10.30–18, So. und feiertags 10–17.30 Uhr (nur Café). Seeberger ist einer der größten Hersteller von Trockenfrüchten weltweit, auch Nüsse in allen Variationen dürften in nahezu jedem deutschen Supermarkt zu finden sein. Vor Ort können sich Kunden durch das Sortiment naschen, angeschlossen ist auch ein Café, in dem man den hauseigenen Kaffee probieren kann, der auch in vielen Ulmer Cafés ausgeschenkt wird.

▷ *Im Klosterhof Söflingen* **28** *herrscht eine idyllische Dorfatmosphäre*

058ul-mb

Ulm zum Träumen und Entspannen

Die beschauliche Großstadt an Blau, Iller und natürlich der Donau bietet ihren Besuchern eine große Fülle an Parks, Naturschutzgebieten und Erholungsräumen, in denen man sich von den „Strapazen" einer Besichtigung der Doppelstadt erholen kann, denn nur wenige andere deutsche Großstädte bieten ein so hohes Maß an Natur und Entspannung wie Ulm.

Der **Botanische Garten** ㉗ der Universität ist besonders im Sommer eine Oase der Ruhe und Entspannung – und lehrreich dazu! Im angeschlossenen Apothekergarten findet man Hunderte von Heilpflanzen sowie ein Gewächshaus.

Die **Friedrichsau** ㉔ ist Ulms grüne Lunge. Ob ein Spaziergang mit einer Kugel Eis oder auf ein Konzert im Sommer – die Ulmer lieben ihre größte Parklandschaft und wer einfach mal die Beine in die Donau halten möchte oder in den Tiergarten ㉕ will, kann das hier auch gleich tun.

Die Neu-Ulmer verbringen ihre Freizeit hingegen am liebsten im **Glacis**-Park ㉟. Hier ist es auch im Sommer meist angenehm leer und durch die hügelige Struktur der Festungsanlagen entsteht eine angenehm kühle Brise.

Im Sommer können müde Spaziergänger natürlich auch in einem der zahlreichen **Biergärten** der Stadt entspannen, zudem gibt es gerade im **Fischerviertel** kaum ein Lokal, dass nicht ein paar Tische ins Freie stellt, wo man bei einer Tasse Kaffee dem beruhigenden Plätschern der Blau lauschen kann. Überhaupt laden Ulms Flüsse immer wieder zum Verweilen ein. Ein schöner Spaziergang bietet sich auch auf die Neu-Ulmer **Insel** ㉜ an, wo man inmitten der Donau herrlich entspannen kann – derzeit aber nur an deren westlichstem Punkt, da hier gerade viel gebaut wird. Auch der **Klosterhof Söflingen** ㉘ bietet Erholung pur.

Entspannung geistiger Natur hingegen findet man in den zahlreichen **Münsterkonzerte** (s. S. 23), die das ganze Jahr über stattfinden.

003ul-db

Zur richtigen Zeit am richtigen Ort

Eine Reise nach Ulm lohnt sich zwar zu jeder Jahreszeit, aber es gibt insbesondere in der warmen Jahreshälfte viele Highlights, die einen Aufenthalt in der Donaustadt unvergesslich machen. Ruhiger geht es im Herbst und Winter zu, dann lohnt vor allem ein Besuch des zauberhaften Weihnachtsmarkts. Wichtig: Bei bestimmten Großveranstaltungen wie der Schwörwoche können die Hotels auch schon mal an ihre (Kapazitäts-) Grenzen kommen, man sollte die Reise daher frühzeitig planen. Einen guten Überblick über kommende Events bietet die Website http://ulm-app.le omedia.org/leoonline/portals/ulm/ veranstaltungen.

⌃ Während des Donaufests (s. S. 97) kommen Gäste aus allen Donauanrainerstaaten nach Ulm

Januar bis März

❯ **Narrensprung:** Gruselig geht es Ende Januar/Anfang Februar beim Narrensprung zu. Wie im gesamten alemannisch-schwäbischen Raum versuchen schaurig wirkende Hexen mit handgeschnitzten Masken und allerhand als Tiere verkleidete Menschen in Begleitung von Musik den Winter zu vertreiben. Dass die Kreaturen kleinen Kindern Süßigkeiten geben, lässt aber alle Angst verfliegen.

April bis Juni

❯ **Kleinbrauermarkt:** An einem Wochenende im April laden ein gutes Dutzend regionaler Brauer zur Verkostung auf den Münsterplatz ein. Dazu gibt es Livemusik und deftige Küche. Durch die praktischen 0,1-Liter-Gläser kann man sich nicht nur munter durchprobieren, sondern ist danach auch noch imstande, die Stadt zu besichtigen.

❯ **Tag der Festung:** Jedes Jahr zum Sommeranfang ist ein Tag der Geschichte der Bundesfestung Ulm gewidmet und es gibt an vielen Orten in und rund um die Festung einiges zu entdecken. Infos: www.festung-ulm.de.

❯ **Stadtfest Neu-Ulm:** Seit fast vierzig Jahren geht es beim Stadtfest in Neu-Ulm zünftig zu. Anfang Juni kann man auf Bierbänken bei bayerischer und internationaler Küche vom Petrusplatz über die Augsburger Straße bis auf den Rathausplatz den Sommer begrüßen. Ein traditioneller Fassanstich darf dabei ebenso wenig fehlen wie Rock- und Popkonzerte.

❯ **Donau-Cup:** Traditionell geht es an einem Wochenende im Juni ins Wasser, allerdings weit weniger chaotisch als beim Nabada (s. S. 110): Wenn man den schnellen Drachenbooten mit ihrer sechzehnköpfigen(!) Besatzung bei ihrem Lauf zusieht, gerät man beinahe selbst ins Schwitzen.

❯ **Wiblinger Bachtage:** Seit über 30 Jahren führen nationale und internationale Künstler Mitte bis Ende Juni in und um Ulm Werke des Ausnahmekünstlers Johann Sebastian Bach auf. Der Schwerpunkt liegt auf der Bibliothek des Klosters ㉛, aber auch im Stadthaus ❸ und auf dem Münsterplatz ❷ können Konzerte stattfinden. Infos und Tickets: www.wiblinger-bachtage.de.

❯ **Ulmer Zelt:** Von Ende Mai bis Anfang Juli werden in der Friedrichsau ㉔ zahlreiche Konzerte gegeben. Auch für Kinder wird dann viel geboten. Infos und Tickets: www.ulmerzelt.de.

Juli bis September

❯ **Donaufest:** Alle zwei Jahre lädt das Ulmer Donaubüro zum Donaufest ein. Bei Lesungen, Konzerten und vielen Ständen bietet sich eine gute Gelegenheit, nicht nur etwas über die Donau, sondern vor allem auch über die anderen Donauanrainerstaaten zu erfahren, die sich hier präsentieren. Nächster Termin: Juli 2016. Infos: www.donaubuero.de/internationales-donaufest.

❯ **Schwörmontag:** Der zentrale Tag im Ulmer Veranstaltungskalender erinnert immer im Juli an den Schwörbrief. Auf dem Balkon des Schwörhauses ⑰ legt der amtierende Bürgermeister Rechenschaft über die Arbeit der Stadtverwaltung ab. Das klingt trocken, ist es aber ganz und gar nicht, denn kein anderer Akt ist für die Ulmer von höherer symbolischer Bedeutung. Im Anschluss **steht ganz Ulm eine Woche lang Kopf** und es wird überall gefeiert. Ergänzt wird der Schwörmontag durch das **Nabada** (s. S. 110), ein Fest, bei dem Jung und Alt gemeinsam in festlich geschmückten Themenwagen oder auch einfachen

Immer was los: die ratiopharm arena

In der ratiopharm arena, einem Gemeinschaftsprojekt der Städte Ulm und Neu-Ulm, finden ganzjährig Veranstaltungen statt. Der 2011 eingeweihte **Multifunktionsbau** trägt den Namen eines der größten Arbeitgeber der Region und ist nicht nur Heimat der überaus erfolgreichen Basketballer von ratiopharm ulm (s. S. 123), zu deren Heimspielen stets mehrere Tausend Besucher in die Arena strömen, sondern hier finden auch hochkarätige Konzerte und Shows nationaler und internationaler Acts statt. Es lohnt sich also, einen Blick auf die Website zu werfen, über die man praktischerweise auch gleich Tickets buchen kann.

●**111** [di] **ratiopharm arena,** Europastraße 25, Neu-Ulm, www.ratiopharmarena.de

Schlauchbooten auf der Donau schippern – Karneval auf Schwäbisch gewissermaßen ...

❯ Das traditionsreiche **Fischerstechen** (s. S. 110) findet alle vier Jahre statt. Nächster Termin: voraussichtlich Juli 2017.

❯ **Ulmer Volksfest:** Im Zuge der Schwörwoche im Juli darf natürlich auch ein Volksfest nicht fehlen. Seit über 50 Jahren wird auf dem Volksfestplatz in der Friedrichsau ㉔ ausgiebig gefeiert und das ansonsten so beschauliche Areal verwandelt sich in ein echtes Tollhaus. Infos: www.ulmer-volksfest.de.

❯ **Landesposaunentag:** Richtig laut wird es alle zwei Jahre im Juli auf dem Münsterplatz, wenn bei der Schlussfeier bis zu 8000(!) Bläser zu einem der wohl lautesten Konzerte weltweit anstimmen (www.landesposaunentag.de). Nächster Termin: 2016.

❯ **Ulmer Weinfest:** Auf dem südlichen Münsterplatz lassen sich in den letzten beiden Augustwochen in den Abendstunden Jahr für Jahr über 70 verschiedene Weine verkosten, darunter auch exotische Tropfen aus Übersee. Infos: www.ulmerweinfest.de.

❯ **Kulturnacht:** Seit über 15 Jahren beteiligen sich viele Künstler und Institutionen im September an der aus ganz Deutschland bekannten Aktion. Der einmalige Eintrittspreis von 10 € (ermäßigt 8 €) berechtigt zum Besuch aller Veranstaltungen und zur freien Fahrt im ÖPNV während der Aktion. Lesungen, Ausstellungen, Konzerte unterschiedlichster Couleur und viele Aktionen für Kinder sorgen an den fast 100 Orten für Begeisterung. Eine App, die im Vorfeld heruntergeladen werden kann, hilft bei der Planung und Orientierung. Infos: www.kultur-in-ulm.de/web/kulturnacht/index.php.

Oktober bis Dezember

❯ **Ulmer Weihnachtsmarkt:** Von Ende November bis kurz vor Weihnachten kann man direkt am Fuße des Münsters ❶ an ca. 130 Buden Geschenke erwerben, Glühwein trinken und sich auf die besinnlichen Tage vorbereiten. Der Weihnachtsmarkt besteht bereits seit über 30 Jahren, im Vergleich zu anderen Städten ist der Anteil der handwerklich hergestellten Erzeugnisse hier besonders hoch – auch ein Glasbläser zeigt live seine Künste. Eine Märchenjurte, eine Krippe und ein kleiner Märchenwald sorgen zudem bei den Kindern für viel Freude. Infos: www.ulmer-weihnachtsmarkt.de.

� *Das Nabada (s. S. 110) – Karneval auf Schwäbisch*

ULM VERSTEHEN

059ul Abb.: mb

Das Antlitz Ulms

Ulm wird von drei Flüssen durchflossen. Die **Blau,** die ihren Ursprung im Blautopf in Blaubeuren **37** hat, mündet genau wie die **Iller,** die in Oberstdorf im Oberallgäu entspringt, in die **Donau,** die durch die Zuflüsse bereits hier in Ulm eine beachtliche Breite aufweist und sich dann in Flussrichtung Schwarzes Meer weiter ausdehnt. Die Iller gilt nur als Nebenfluss der Donau, obwohl sie bei Neu-Ulm weitaus breiter ist. Durch die drei Flüsse wurde Ulm einst zu einer reichen Stadt, denn ab hier war die Donau bedingt schiffbar und Waren konnten bis auf den Balkan transportiert werden. Neben den Flüssen ist Ulm vor allem von seiner **Lage am Rand der Schwäbischen Alb** geprägt. Sanfte Hügel, grüne Waldstücke und saftige Wiesen in und um die Stadt prägen die Szenerie.

◁ *Vorseite: Nach einem Aufstieg auf den Westturm des Münsters liegt einem die Stadt zu Füßen*

In baulicher Hinsicht bestimmen das **Münster ❶**, aber auch die vielen **Fachwerkbauten,** die das Fischerviertel **18** und die Gassen nördlich des Münsters dominieren, das Antlitz Stadt. Eine Besonderheit stellt die **Bundesfestung** (s. S. 46) dar. Deutschlands besterhaltene ehemalige Festungsanlage wurde im 19. Jahrhundert kreisförmig um die Stadt angelegt. Lange Zeit behinderte dies das Wachstum der Stadt und auch heute noch kann man auf Satellitenbildern und Stadtplänen anhand des Verlaufs einzelner Straßen gut nachvollziehen, wie sehr die Festung das Stadtbild einst prägte und vor welche Herausforderungen die riesige Anlage Stadtplaner heute noch stellt.

Ulm gehört dem **Regierungsbezirk Tübingen** an und ist gleichzeitig dessen größte Stadt. Sie ist kreisfrei und in 18 Stadtteile unterteilt, wobei einige von ihnen wie Söflingen eher dörflich geprägt sind. Im Südosten grenzt Ulm an die Donau, die hier die natürliche Grenze zwischen Baden-Württemberg und Bayern bildet.

Das bayerische **Neu-Ulm** hingegen ist nicht kreisfrei, sondern gehört dem Landkreis Neu-Ulm an. Es ist nur durch die Donau von Ulm getrennt und nach Augsburg und Kempten die drittgrößte Stadt im Regierungsbezirk Schwaben. Die Stadt wirkt auf den ersten Blick weit weniger idyllisch als Ulm, was kein Wunder ist, schließlich entstand sie erst im 19. Jh. Dennoch weist sie einige bauliche Besonderheiten auf, die ihr Antlitz bestimmen: Noch stärker als im Fall von Ulm wirkte sich die **Bundesfestung** auf die Stadt aus. Im Innenstadtkern, insbesondere im Bereich des Glacis-Parks **35**, wurde die Bundesfestung auf wunderbare Weise ins Stadtbild integriert. Nach hohen Gebäuden, die die Silhouette der Stadt prägen, sucht man vergeblich, abgesehen vielleicht vom **Wasserturm 36** dem Wahrzeichen der Stadt. Prägender sind da schon die riesigen Überbleibsel der Amerikaner (s. S. 60). Ganze Stadtteile wurden in den letzten Jahren einem Lifting unterzogen und aus den ehemaligen Kasernen-

Ulm und Neu-Ulm in Zahlen

❯ **Erste Erwähnung:** 854 bzw. 1814
❯ **Einwohner:** 116.761 (Ulm) bzw. 58.473 (Neu-Ulm)
❯ **Bevölkerungsdichte:** 994 bzw. 666 Einwohner pro km²
❯ **Fläche:** ca. 119 km² bzw. ca. 81 km²
❯ **Höhe ü. M.:** 478 m
❯ **Stufen des Münsterturms:** 768

anlagen wurden schicke Wohnviertel. Sowohl Ulm als auch Neu-Ulm sind **außerhalb der Stadtkerne recht dörflich geprägt**, was auch an den Eingemeindungen liegt, die nicht zu einer „Verstädterung" dieser Gebiete führten. Hier findet man – abgesehen von Söflingen – weniger „klassische" Sehenswürdigkeiten, aber ein Spaziergang abseits der Touristenrouten

☑ *Vom Neu-Ulmer Donauufer ist Ulm am fotogensten*

061ul-fo©Blickfang

lohnt sich auch hier, atmet man doch ein Stück ursprüngliches Ulm und ist ganz nah am Puls der Bewohner.

Wer sich das Antlitz der Stadt vor Augen führen möchte, um Ulm in seiner optischen Gesamtheit begreifen zu können, der sollte zwei Punkte aufsuchen: den Ulmer **Münsterturm** (s. S. 23) und das **Donauufer** auf der Neu-Ulmer Seite. Während man bei einem Blick von Neu-Ulm noch mit etwas Fantasie den Geist des alten, reichsstädtischen Ulm einatmen kann, sieht man bei einem Blick vom Münster, dass Ulm längst (nicht nur) eine idyllische kleine Großstadt ist, sondern ein moderner und wohlhabender Industriestandort, eingebettet in die schöne Natur der auslaufenden Schwäbischen Alb.

Von den Anfängen bis zur Gegenwart

Der Ulmer Raum war vermutlich bereits seit der **Jungsteinzeit** besiedelt. Für die Stadt Ulm selbst lassen sich Funde aus dem Endneolithikum nachweisen, im heutigen Stadtteil Eggingen wurde in den 1980er-Jahren eine Siedlung entdeckt.

Mittelpunkt der Stadtbesiedlung im **Frühmittelalter** bildete eine Siedlung am Weinhof. Als Ulm Mitte des 9. Jh. zur Königspfalz ernannt wird, war die Siedlung vermutlich noch recht überschaubar, als gesichert gilt aber, dass die damalige Häuseransammlung ihren Mittelpunkt zwischen Donau und nördlichem Münsterplatz hatte.

Im **Mittelalter** war Ulm eine reiche Stadt und trieb regen Handel mit Städten, die sich teilweise in den entlegensten Winkeln Europas befanden, wie man noch heute an der Rat-

hausfassade nachvollziehen kann. Entscheidend waren hierfür die Produktion und der Export von Barchent, einem Gemisch aus Leinen und Baumwolle, und der Status als Freie Reichsstadt.

Nachdem sich Ulm der **Reformation** angeschlossen hatte, änderte sich nicht nur das Bekenntnis der Stadtbewohner, sondern die ehemals ausgeprägte Bautätigkeit der Kirche und der Ulmer Patrizier nahm ein recht abruptes Ende. Die folgenden Jahrhunderte waren geprägt von einem schleichenden Niedergang der Stadt, der bis ins **19. Jahrhundert** andauern sollte. Eine der ehemals reichsten und größten deutschen Städte verkam zu einer verschlafenen Provinzstadt, die ihren Bewohnern wenig Perspektiven bot.

Erst der Bau der Bundesfestung, des Münsterturms und der Eisenbahn sorgten für eine Erholung, zumal da die Bevölkerung damals durch die vielen hier stationierten Soldaten stark anwuchs, was auch auf Neu-Ulm zutraf, das in dieser Zeit entstand. Bis zum **Zweiten Weltkrieg** erlebte Ulm so etwas wie eine zweite Blüte, die aber durch die Bombardierung und fast vollständige Zerstörung der Altstadt ein jähes Ende fand. Während des „Wirtschaftswunders" setzte man zunächst auf Praktikabilität und weniger auf den Erhalt der historischen Substanz – ein Umstand, der sich zwar deutlich gebessert hat, aber noch immer an manchem Ort zu spüren ist.

Heute sind Ulm und Neu-Ulm zwei stolze Städte, die ihr Erbe liebevoll pflegen und – wo es geht – erhalten und Ulm als eine der schönsten deutschen Städte und als exzellenter Wirtschaftsstandort hat die besten Voraussetzungen, um in eine glanzvolle **Zukunft** blicken zu können.

Geschichte im Überblick

ca. 5000 v. Chr.: älteste nachgewiesene menschliche Besiedlung im Ulmer Raum

6./7. Jh.: Um den Weinhof wird eine Siedlung der Alamannen angelegt.

Mitte des 8 Jh.: In dieser Zeit entsteht vermutlich auf dem Gebiet des heutigen Ulm ein fränkischer Königshof, der als königliche Pfalz im Jahr 854 erstmals urkundlich erwähnt wird („Hulma").

1077: Im Februar wird in Ulm die Absetzung des ungeliebten Königs Heinrich IV. beschlossen, der einen Monat zuvor den berühmten Gang nach Canossa antreten musste.

1131–1134: Im Salischen Erbfolgekrieg werden die Stadt und die umliegenden Dörfer stark zerstört. Danach entsteht eine mächtige Mauer um die Stadt.

1181: Ulm erhält die Stadtrechte. Bereits zuvor durfte die Stadt eigene Münzen prägen.

1184: Ulm wird Freie Reichsstadt, was ihm ein hohes Maß an Selbstverwaltung bringt und maßgeblich zum Wachstum beiträgt.

1345: Der „Kleine Schwörbrief" regelt erstmals das Verhältnis von Zünften und Patriziern im Stadtrat.

1377: Die Grundsteinlegung des Ulmer Münsters erfolgt, nachdem ein Jahr zuvor bei einer Belagerung durch Kaiser Karl IV. deutlich wurde, dass die Stadt unbedingt eine Kirche innerhalb der Stadtmauern benötigte.

1397: Der „Große Schwörbrief" reguliert ab diesem Jahr die Interessen von Patriziern und Zünften noch deutlicher zugunsten der Zünfte. Noch heute wird dieses proto-konstitutionellen und für

den Verlauf der Stadtgeschichte äußerst bedeutenden Akts am Schwörmontag (s. S. 97) gedacht.

15./16. Jh.: Ulm erreicht dank des Handels mit Barchent seine wirtschaftliche Blüte. Es zählt mit ca. 20.000 Einwohnern zu den damals bevölkerungsreichsten Städten des Landes. Dank der vielen zu Ulm gehörenden Dörfer ist es in dieser Zeit nach Nürnberg die zweitgrößte Reichsstadt. Die wirtschaftliche Blüte sorgt auch für einen Boom in kultureller Hinsicht, dessen Pracht sich heute noch im Münster, anhand des Rathauses und in Form der Kunstwerke im Ulmer Museum bestaunen lassen.

1530: Ulm wird per Bürgerentscheid protestantisch. Im darauffolgenden Jahr kommt es zu einem Bildersturm im Münster und anderen Kirchen, einige Kunstwerke können aber gerettet werden, u. a. weil sie in die katholischen Ortschaften im Umland gebracht werden.

⌃ Im Minnesängersaal **22** *lassen sich die Pracht und der Stolz des alten Ulm noch gut nachvollziehen*

077-ul-mb

1543: Im Zuge der Reformation werden die Arbeiten am Ulmer Münster eingestellt.

Dreißigjähriger Krieg (1618–1648): Durch den Krieg und dessen Folgen sinkt die Einwohnerzahl um fast die Hälfte auf gut über 12.000.

1641: Das Stadttheater wird eingeweiht. Es ist das älteste Deutschlands.

1702: Während des Spanischen Erbfolgekriegs (1701–1714) wird Ulm von bayerischen und den mit ihnen verbündeten französischen Truppen besetzt.

18.Jh.: Die Stadt dient immer mehr Menschen als Startpunkt ihrer beschwerlichen Reise auf der Donau Richtung Südosteuropa. Im Donauschwäbischen Zentralmuseum **30** wird der Aussiedler und ihres Lebens in der Ferne gedacht.

1803: Im Zuge des Reichsdeputationshauptschlusses verliert Ulm den Status der Reichsunmittelbarkeit, wird bayerisch und verliert dadurch ein hohes Maß an Selbstverwaltung.

*⌃ Die astronomische Uhr am Rathaus **14** hilft den Ulmern seit vielen Jahrhunderten bei der Orientierung*

1810: Nach nur sieben Jahren endet die bayerische Herrschaft über Ulm, das nach dem Pariser Vertrag Württemberg zugeschlagen wird. Die neue Grenze zwischen den beiden Königreichen verläuft mitten durch die Donau.

1811: In einer Taufurkunde wird die Siedlung südlich der Donau erstmals als „Neuulm" bezeichnet. Der Name setzt sich durch und geht in den Sprachgebrauch über. Das kleine Grenzstädtchen beginnt zu wachsen, ohne bereits ein zusammenhängendes Gemeinwesen zu haben. Der Schneider von Ulm (s. S. 42) startet anlässlich des Besuchs des württembergischen Königs zu seinem missglückten Flugversuch.

Mitte des 19. Jh.: Die Bundesfestung entsteht. Sie ist die größte Anlage ihrer Art in Europa. Ulm wird an das Eisenbahnnetz angeschlossen. Es entstehen auch Eisenbahnverbindungen von Ulm bzw. Neu-Ulm nach Augsburg und Stuttgart. Diese beiden großen Bauvorhaben erwecken die Stadt aus ihrer jahrzehntelangen Rückständigkeit und sorgen für einen wirtschaftlichen Aufschwung.

1869: Neu-Ulm erhält das Stadtrecht.

1879: Albert Einstein, bis heute der berühmteste Sohn der Stadt, erblickt in Ulm das Licht der Welt. Ein Denkmal in der Bahnhofstraße erinnert an das mittlerweile nicht mehr existierende Geburtshaus des Ausnahmewissenschaftlers.

1890: Nach über 500 Jahren (unterbrochener) Bautätigkeit wird das Ulmer Münster am 29. Juni feierlich eingeweiht.

1891: Neu-Ulm wird kreisfrei.

1897: Ulm und Neu-Ulm erhalten eine Straßenbahn. Während eine Linie innerhalb Ulms verkehrt, verbindet eine zweite Trasse Ulm mit dem bayerischen Nachbarn. Bis zum Zweiten Weltkrieg entstehen noch zwei weitere Linien. Heute existiert allerdings nur noch eine Linie, die Ulm von West nach Ost durchfährt.

um 1900: Ulm wächst und hat mittlerweile über 40.000 Einwohner. Bis in die 1920er-Jahre erfolgen in mehreren Phasen Eingemeindungen umliegender Dörfer, was die Stadt noch größer macht. In Neu-Ulm wird der Wasserturm errichtet. Das heutige Wahrzeichen der Stadt sichert damals eine moderne Wasserversorgung für die wachsende Bevölkerung.

1920er-Jahre: Durch die Bestimmungen des Versailler Vertrags und die Auflösung der Garnisonen in der Bundesfestung muss die insbesondere in Neu-Ulm stark auf das Militärwesen konzentrierte Wirtschaft umgestellt werden, was angesichts der schwierigen Umstände gelingt.

1943/1944: Im Zweiten Weltkrieg wird Ulm stark zerstört. Etwa 80 % der Altstadt liegen in Trümmern und mehr als 1700 Menschen verlieren durch Luftangriffe ihr Leben. Allein am 17.12.1944 sterben 700 Menschen. Neu-Ulm erleidet das gleiche Schicksal. Kurz vor dem Einmarsch amerikanischer Truppen werden alle Donaubrücken im Stadtgebiet gesprengt, sodass zeitweise keine Landverbindung mehr zu Ulm besteht.

1955: Die Hochschule für Gestaltung wird in Betrieb genommen. Bis 1968 werden hier einzigartige Produkte entworfen, die Ulm zu einem international anerkannten Hotspot für Industrial Design machen.

1967: Gründung der Ulmer Universität

Anfang der 1970er-Jahre: Ulm wird kreisfreie Stadt und wächst durch Eingemeindungen um fast 7000 ha. Neu-Ulm verliert seine Kreisunabhängigkeit, allerdings vergrößert sich die Stadt durch die Eingemeindung von neun Ortschaften auf eine Fläche von 80 km².

1980: Neu-Ulm und Ulm richten gemeinsam die erste Landesgartenschau in Süddeutschland aus. Ulm hat erstmals über 100.000 Einwohner und darf sich fortan als Großstadt bezeichnen.

2004: Ulm richtet den Deutschen Katholikentag aus.

KURZ & KNAPP

Ulms und Neu-Ulms Wappen

Das **Ulmer Wappen,** eine einfache Kombination aus Schwarz und Weiß, ist oft in seiner alten Gestalt zu finden, wo es mit dem Reichsadler an die stolze Tradition Ulms als Freie Reichsstadt erinnert. Der Reichsadler thront über einem schwarz-weißen (bzw. schwarz-silbernen) Wappen. Dem Wappen, das bereits seit 1244 geführt wird, begegnet man in der Stadt an vielen Orten, z. B. als Verzierung an Brunnen oder im Ulmer Münster. Wer offenen Auges durch die Stadt spaziert und dabei gelegentlich zu den Dächern älterer Häuser schaut, kann es gelegentlich auch in Form von alten Fensterläden finden, z. B. am Neuen Bau (s. S. 24).

Im **Neu-Ulmer Wappen** wird das Erbe als Abkömmling Ulms (durch die Farben Schwarz und Weiß), die Zugehörigkeit zu Bayern (durch die Farbe Blau) und die Bedeutung der Bundesfestung zum Ausdruck gebracht, dargestellt durch einen symbolischen silbernen Turm, der oft mit dem Wasserturm verwechselt wird.

2008: Die bayerische Landesgartenschau findet in Neu-Ulm statt.

2011: Neu-Ulm feiert mit vielen Festakten sein 200-jähriges Bestehen.

2014: Bei den Deutschen Leichtathletik-Meisterschaften, die in Ulm ausgetragen werden, strömen über 25.000 begeisterte Fans ins Donaustadion und auf den Münsterplatz, wo der Wettbewerb im Kugelstoßen stattfindet.

2015: Die Stadt feiert das 125-jährige Bestehen des Münsterturms mit einer Reihe von Festen, Vorträgen und Konzerten. Im Münster selbst werden teils spektakuläre Ausstellungen gezeigt.

Leben in der Stadt

Der Alltag der Ulmer

Ein besonderes Verhältnis verbindet **Ulm und Neu-Ulm**. Sollte man zunächst davon ausgehen, die Donau und die Zugehörigkeit zu zwei unterschiedlichen Bundesländern könnten ein trennendes Element darstellen, so wird man bei einem Besuch der Doppelstadt schnell eines Besseren belehrt. Wie selbstverständlich geht man zum Einkaufen oder ins Kino über den Fluss oder trifft sich abends mit Freunden aus dem anderen Bundesland und auch die zahlreichen Feste werden von Ulmern wie Neu-Ulmern gern angenommen, nach der genauen Anschrift fragt da niemand.

Die enge Beziehung der beiden Städte wird auch auf institutioneller Ebene deutlich: Zahlreiche regionale Organisationen und Firmen sind bestens vernetzt, die **gemeinsamen Stadtwerke und Verkehrsbetriebe** sind nur ein Beispiel hierfür und Ulm und Neu-Ulm teilen sich eine gemeinsame Telefonvorwahl.

Ulm ist eine relativ reiche Gemeinde. Die Arbeitslosigkeit liegt hier bei 3,2 % (Stand: August 2015) und da-

Berühmte Ulmer und Neu-Ulmer

> *Albrecht Ludwig Berblinger:* Der Schneider von Ulm (s. S. 42) gilt als bedeutender Flugpionier, erntete aber zu Lebzeiten Spott und Hohn, als er mit seinem Flugapparat die Donau überfliegen wollte.

> *Albert Einstein:* 1879 erblickte der geniale Wissenschaftler, welcher der Welt u. a. die Relativitätstheorie hinterließ, in Ulm in der Nähe des Hauptbahnhofs das Licht der Welt. Nach der Machtergreifung der Nazis wanderte Einstein, der bereits 1922 den Nobelpreis für Physik erhalten hatte, endgültig in die USA aus; er sollte nie wieder in seine Geburtstadt zurückkehren. Nach dem Zweiten Weltkrieg lehnte er die Verleihung der Ehrenbürgerwürde der Stadt Ulm ab. Nichtsdestotrotz „begegnet" man dem berühmten Sohn heute an vielen Orten – ob in Form eines Brunnens (s. S. 30), einer Stele, die an sein Geburtshaus erinnert [A3] oder als Schokoladenkopf: Einstein ist in Ulm allgegenwärtig!

> *Edwin Scharff:* Der berühmte Künstler (s. S. 57) wurde 1887 in Neu-Ulm geboren und ist der mit Abstand berühmteste Bürger der Donaustadt.

> *Hildegard Knef:* Eine der berühmtesten deutschen Schauspielerinnen und Sängerinnen aller Zeiten erblickte am 28.12.1925 in Ulm das Licht der Welt, verließ die Stadt allerdings bereits ein Jahr nach ihrer Geburt.

> *Hermann Köhl:* Nicht nur Berblinger war ein bedeutender Flugpionier, sondern auch Köhl, der in Neu-Ulm in der Ludwigstraße das Licht der Welt erblickte. Köhl gelang 1928 zusammen mit zwei Mitstreitern der erste Transatlantikflug von Ost nach West, nachdem Charles Lindbergh ein Jahr zuvor der erste Transatlantikflug überhaupt gelungen war. Köhl wurde nach seinem Erfolg mit Ehrungen überschüttet und unter anderem Ehrenbürger von New York.

mit 0,8 Prozentpunkte unter dem ohnehin sehr niedrigen baden-württembergischen Landesdurchschnitt. Verantwortlich hierfür sind neben den vielen auch international bekannten Unternehmen auch der Wissenschaftsstandort Ulm, an dem eine ausgezeichnete Verzahnung von Wirtschaft und Lehre gegeben ist.

Die Ulmer gelten als **freundliche und hilfsbereite Menschen,** die zwar nicht – wie man den Schwaben allgemein nachsagt – jeden Cent zweimal umdrehen, aber sparsam mit ihrem Geld umgehen und nicht protzen. Wenn mal wieder ein öffentlich finanziertes Gebäude entsteht, geben sich die Ulmer dementsprechend zunächst skeptisch, denn Neues muss erst einmal auf seine Tauglichkeit hin überprüft werden – egal, ob es sich dabei um das Stadthaus oder ein kleines Geschäft handelt. Die Ulmer zeichnen sich auch durch eine angenehme **Ruhe und Gelassenheit** aus, Altbewährtes wird Neuem vorgezogen, was sich auch in der Wahl des Bürgermeisters niederschlägt, denn OB Ivo Gönner lenkt seit 1992 die Geschicke der Stadt, was ihn zu einem der am längsten regierenden Bürgermeister des Landes macht. 2016 ist für den

❭ *Sophie und Hans Scholl:*
Auch auf die Geschwister Scholl, die einen Großteil ihrer Jugend in Ulm verbrachten, sind die Ulmer sehr stolz. Die beiden waren die bekanntesten Mitglieder der sogenannten „Weißen Rose", einer von Studenten dominierten Gruppe, die mithilfe von Flugblättern im Zweiten Weltkrieg versuchte, die deutsche Bevölkerung vom Wahnsinn des Kriegs und des nationalsozialistischen Regimes zu überzeugen, was ihnen aber Verfolgung und letztlich leider den Tod einbrachte. Nach den Geschwistern Scholl ist unter anderem einer der zentralen Plätze der Stadt Ulm benannt. Die letzte überlebende Schwester der beiden wohnt auch heute noch in der Stadt. Man begegnet der Weißen Rose heute in Ulm zudem in Form einer DenkStätte (s. S. 72) und einer kleinen Ausstellung in der Martin-Luther-Kirche (s. S. 51).

❭ *Mike Krüger und Harald Schmidt: Während man dem Comedian Krüger seine Herkunft nicht anhört, kann Schmidt wunderbar schwäbeln - und dass, obwohl er eigentlich aus Neu-Ulm kommt.*

❭ *Kaiser Friedrich Barbarossa stammt zwar nicht aus Ulm, war hier aber 14-mal zu Gast und bezeichnete Ulm als seine Lieblingspfalz.*

❭ *Ludwig Erhard: Nur wenige wissen, dass der gebürtige Fürther und ehemalige Wirtschaftsminister und Bundeskanzler ganze 23 Jahre den Wahlkreis Ulm im Bundestag vertrat.*

❭ *Herbert von Karajan, einer der vielleicht größten Dirigenten des 20. Jahrhunderts, war in der Zwischenkriegszeit fünf Jahre lang Kapellmeister am Ulmer Stadttheater. Nach ihm ist daher heute auch der Platz vor dem Theater benannt.*

Stadtvater dann aber Schluss, er tritt nicht mehr zur Wahl an.

Zwar steppt in Ulm abends nicht der Bär, aber wer einmal das Vergnügen hatte, dem Nabada (s. S. 110) beizuwohnen, der merkt, wie **lebensfroh und mitunter übermütig** es hier zugehen kann. An dem ewigen Konflikt zwischen Studenten und Kneipiers auf der einen Seite, die erreichen wollen, dass man im Fischerviertel auch nach 23 Uhr noch draußen ein Bier trinken kann (und manche versuchen, das Verbot zu umgehen), und den Anwohnern auf der anderen Seite zeigt sich recht gut, dass Ulm zweigeteilt ist: Tradition und Beschaulichkeit auf der einen und Ideenreichtum und Moderne auf der anderen Seite sind vielleicht die prägendsten Merkmale dieser sympathischen kleinen Großstadt.

Wirtschaft

Nicht nur dank der niedrigen Arbeitslosenquote, sondern auch wegen der vielen bedeutenden Unternehmen, die hier in der Region angesiedelt sind, gilt Ulm im bundesdeutschen Vergleich als **sehr wohlhabend.** Mittlerweile werden bereits über 50 % des erwirtschafteten Geldes im Dienstleistungssektor aufgebracht. Größter Arbeitgeber der Region ist mit 8000 Mitarbeitern die **Universität Ulm,** die damit nicht nur den wichtigsten Punkt für Innovation in der Region, sondern auch einen bedeutenden Wirtschaftsfaktor ausmacht.

Traditionelle Ulmer **Wirtschaftszweige** sind der Nutzfahrzeugsektor, der Maschinenbau und die Pharma- und Gesundheitsindustrie. Zu den bekanntesten Unternehmen gehören der Drogerieriese Müller, der Pharmakonzern ratiopharm, die Fahrzeugbauer Iveco Magirus und Kässbohrer, der Gartengerätehersteller Gardena, der (Sport-)Waffenhersteller Walther (nicht zuletzt bekannt durch James Bond), aber auch die Firmen Liqui Moly (Öle und Schmierstoffe), Teuffel (Gitarren), Seeberger (Trockenfrüchte und Nüsse) und die Neue Pressegesellschaft, die über zehn Tageszeitungen in Deutschland herausgibt, dürften vielen ein Begriff sein.

Ulm war schon immer eine Stadt der Tüftler und Denker. So entstanden hier die berühmte Ulmer Leiter, die erste fahrbare, freistehende Leiter, die von **Conrad Dietrich Magirus** entwickelt wurde. Ab 1916 stellte seine Firma auch Lastkraftwagen her. Eines der berühmtesten Produkte ist aber der **SETRA.** Der legendäre Bus der Firma Kässbohrer dürfte älteren Lesern von Reisen in ferne Länder noch bestens bekannt sein.

Auch die **Hochschule für Gestaltung** genießt fünfzig Jahre nach ihrer Schließung immer noch einen exzellenten Ruf und revolutionierte das In-

---

KURZ & KNAPP

Wussten Sie schon …

❯ … dass Ulm landesweit über den **höchsten Prozentsatz an in Vereinen organisierten Bürgern** verfügt? Allein im SSV Ulm (s. S. 122) engagieren sich fast 10.000 Mitglieder.

❯ … dass Ulm früher nach Nürnberg die bezogen auf ihre Fläche **zweitgrößte Reichsstadt** war?

❯ … dass es **Neu-Ulm gleich zweimal gibt?** Neu-Ulm in Bayern dürfte jeder kennen, aber was ist mit New Ulm in Minnesota? Das ist übrigens gleichzeitig die Partnerstadt der bayerischen Stadt. Irgendwie logisch, bei dem Namen …

dustriedesign beziehungsweise sorgte erst für deren wachsende Bedeutung in der Wirtschaft. Aber auch heute noch rauchen in Ulm die Köpfe der Ingenieure. In der **Wissenschaftsstadt Ulm**, einem Zusammenschluss von Hochschulen und Industrie (u. a. Daimler Benz), wird auch Grundlagenforschung betrieben.

Die Ulmer und die Donau – ein besonderes Verhältnis

Nichts hat Ulm im Laufe der Jahrhunderte so sehr geprägt wie die **Donau** – weder die Geschichte als Freie Reichsstadt, noch das Münster, noch die Bundesfestung. Noch heute bildet sie die Grenze zwischen Ulm und Neu-Ulm und dem zweitlängsten Fluss Europas verdankt die Stadt ihren Reichtum. Der Tatsache, dass die Donau etwa ab Ulm schiffbar war, sorgte für die idealen Voraussetzungen zur Ansiedlung von Menschen und das Wachs-

tum protoindustrieller Strukturen. Genau wie im Falle von Biberach war es das **Barchent**, ein Gemisch aus Leinen und Baumwolle, das die Stadt reich machte – und aufgrund des geringen Gewichts hervorragend **schiffbar** war. Aber auch **Aussiedler** aus allen Teilen Deutschlands kamen nach Ulm, um auf einem Schiff in andere Teile des Habsburgerreichs zu reisen und ihr Glück in der Fremde zu suchen. Daher verwundert es kaum, dass es in Ulm **drei ganz besondere Feste** gibt, bei denen sich das Verhältnis der Ulmer zur Donau zeigt.

Beim alle zwei Jahre stattfindenden **Donaufest** (s. S. 97) lernen die Ulmer verschiedene Kulturen kennen. Ob Rumänen, Ungarn oder Kroaten, alle Länder sind hier vertreten, und man kann bei vielen Kulturveranstaltungen internationales Flair spüren und sieht, was für ein verbindendes Element das Wasser sein kann.

☑ *Heute werden auf den Ulmer Schachteln (s. S. 11) nur Touristen transportiert*

Beim **Nabada** („Hinunterbaden") geht es deutlich wilder zu. Nach der Schwörrede geht es noch am Schwörmontag hinunter zur Donau. Das bunte Treiben lässt sich vielleicht am besten als „Wasserkarneval" beschreiben, denn Jung und Alt gehen dann in die Donau, um in bunten Kostümen, auf aufwendig gestalteten Kähnen oder einfach nur im Schlauchboot einen Höllenlärm zu machen und sich gegenseitig nass zu spritzen. Die Wurzeln dieses Fests reichen bis ins 18. Jahrhundert zurück, seit 1927 wird das Nabada offiziell gefeiert und wer einmal dabei war, weiß, wie ausgelassen der ansonsten so ruhige Ulmer dann sein können.

Eine deutlich ältere Tradition weist das **Fischerstechen** auf, denn bereits im 14. oder 15. Jahrhundert soll es zu ähnlichen Wettkämpfen gekommen sein wie heute. Auf der Donau treten an zwei aufeinanderfolgenden Sonntagen je ein von Ulm und ein von Neu-Ulm aus startendes Boot mit einer Besatzung von drei Personen und einer historischen Figur zu einer Art Ritterturnier auf dem Wasser gegeneinander an, wobei sie in Kostümen historische und fiktive Personen darstellen, die vom Ulmer Spatz bis zum osmanischen Großwesir reichen können. Ziel ist es, mittels einer Art Lanze die gegnerische Figur vom Boot zu stoßen, während die Besatzung das Boot manövriert und versucht, nicht selbst ins Wasser zu fallen. Nach strengen Regeln wird ein Turnier ausgetragen, an dessen Ende die beiden Sonntagssieger den endgültigen Gewinner ermitteln. Begleitet wird das Turnier u. a. von einem Fischertanz und einem Umzug durch die Stadt. Wer vorhat, das Fischerstechen zu besuchen, sollte früh da sein, denn an beiden Donauufern ist kein Zentimeter mehr frei, mehrere Tausend Menschen sehen sich dann das Spektakel an.

Die Donau hat also nicht nur eine herausragende historische Bedeutung für die Stadt, die sie reich machte, sondern war immer auch ein Versprechen für eine bessere Zukunft und wird heute wie selbstverständlich nicht als trennendes Element, sondern **als etwas Verbindendes wahrgenommen** und von allen Ulmern innig geliebt.

PRAKTISCHE REISETIPPS

064ul Abb.: mb

An- und Rückreise

Mit dem Auto

Ulm kann aus Süd- und Westdeutschland bequem über die Autobahn A8 (Stuttgart – München) erreicht werden. Reisende aus dem Norden nehmen am besten die Autobahn A7 (Flensburg – Füssen), Gleiches gilt für Reisende aus Österreich. Beide Autobahnen laufen am Autobahnkreuz Ulm/Elchingen zusammen.

Mit dem Zug

Ulm ist gut an das gesamtdeutsche Bahnnetz angeschlossen. Es bildet nicht nur einen **wichtigen Knotenpunkt** für die in der Donau-/Illerregion verkehrenden Regionalzüge, sondern ist auch täglich Haltepunkt mehrerer ICE- und IC-Züge. Für Reisende aus Norddeutschland bietet sich auch eine Reise mit einem Nachtzug an.

Der Hauptbahnhof weist einige **architektonische Besonderheiten** auf. So wird er von einem barrierefreien, überdachten Bahnhofsteg gequert, der hier 2011 entstand. Auch der Eingang zum Bahnhof an der Ostseite setzt mit seinem geschwungenen Glasvorbau Akzente. All das kann aber nur leidlich darüber hinwegtäuschen, dass der Hbf Ulm mit Sicherheit nicht zu den architektonischen Highlights der Stadt zählt und bei der Ankunft möglicherweise zunächst keinen angenehmen Eindruck erweckt,

◁ *Vorseite: Glücklicherweise ist eine Anreise nach Ulm auf bequemere Weise möglich als mit diesen Kähnen*

EXTRATIPP

Günstige Anreise aus Süddeutschland

Wer aus Süddeutschland kommt, sollte unbedingt eine Anreise mit dem **Baden-Württemberg-Ticket** (23 € pro Person, jeder weitere Reisende nur 5 € mehr) bzw. dem **Bayern-Ticket** (23 € pro Person, jeder weitere Reisende nur 5 € mehr) in Erwägung ziehen, mit denen einen Tag lang alle öffentlichen Nahverkehrsmittel des jeweiligen Bundeslandes genutzt werden können, wozu auch Regionalzüge gezählt werden. Die Tickets sind jeweils von 9 Uhr morgens bis 3 Uhr nachts gültig, am Wochenende gar von 24 bis 3 Uhr (Folgetag). Mit dem Bayern-Ticket darf man auch bis nach Ulm Hauptbahnhof fahren bzw. mit dem Baden-Württemberg-Ticket nach Neu-Ulm.
❯ **weitere Infos: www.bahn.de**

zumal gegenüber gerade mit den Sedelhöfen ein komplett neues Wohnquartier entsteht und es daher laut zugehen kann. Neben dem Hauptbahnhof existieren noch die Bahnhöfe **Ulm Ost**, **Ulm-Söflingen** und **Ulm-Donautal Hp**, die von Regionalzügen angefahren werden.

• **112** [A3] **Hauptbahnhof Ulm,**
  Bahnhofplatz 1, 89073 Ulm,
  www.vvs.de

Auch Neu-Ulm verfügt über einen eigenen Bahnhof, der 2007 im Rahmen des Programms **Neu-Ulm 21** entstand, das hier allerdings deutlich widerstandsfreier durchgesetzt wurde als bei seinem Stuttgarter Pendant. ICE-Züge halten hier nicht, dafür ist er ein wichtiger Knotenpunkt für Regionalzüge.

● 113 [F6] **Bahnhof Neu-Ulm,**
Julius-Rohm-Platz 1, 89231 Neu-Ulm

Mit dem Bus

Aus ganz Deutschland bestehen mittlerweile gute Busverbindungen nach Ulm und sogar Neu-Ulm. Fahrten von und nach Ulm werden meist über einen Parkplatz in der Eberhard-Finckh-Straße im Stadtteil Böfingen im Norden der Stadt abgewickelt. Reisende, die nach Neu-Ulm wollen, halten meist in unmittelbarer Nähe des Hauptbahnhofs am Busbahnhof, der gemeinhin nur **ZUP** (Zentraler Umsteigpunkt) genannt wird.

● 114 **Haltestelle Fernbusse Ulm,**
Eberhard-Finckh-Straße 34

Mit dem Flugzeug

Mit dem **Flughafen Stuttgart** und dem **Allgäu-Airport in Memmingen** befinden sich gleich zwei größere Flughäfen in einer Entfernung von ca. 50 Kilometern von Ulm. Während in Memmingen hauptsächlich Flüge nach Ost- und Südosteuropa abgewickelt werden und dieser somit ganz in der Tradition der Ulmer Donauschifffahrt zu stehen scheint (allerdings in der Luft), ist der Flughafen Stuttgart für Ulm-Besucher sicherlich die bessere Alternative. Zumindest werden von Memmingen regelmäßig Flüge von und nach Hamburg und Berlin angeboten. Von Stuttgart hingegen bestehen Verbindungen in zahlreiche deutsche Städte.

❯ **Allgäu Airport Memmingen,**
Am Flughafen 35, Memmingerberg, www.allgaeu-airport.de,
Tel. 083319842000

❯ **Flughafen Stuttgart,** Flughafenstraße 43, Stuttgart, www.flughafen-stuttgart. de, Tel. 0711 9480

Autofahren

Autofahrer sollten beachten, dass in Ulm und Neu-Ulm eine **Umweltzone** gilt. Das Ulmer Stadtgebiet darf nur noch mit grüner Plakette befahren werden, während in Neu-Ulm zusätzlich auch die gelbe Plakette zulässig ist. Wer also lediglich über eine gelbe Umweltplakette verfügt, sollte sein Auto in Neu-Ulm stehen lassen und Ulm zu Fuß erlaufen oder den ÖPNV nutzen.

In der Innenstadt sind einige wenige Straßen südlich und nördlich des Münsters als **Fußgängerzone** ausgewiesen, genau wie der gesamte Bereich der östlich am Hauptbahnhof vorbeiführenden Friedrich-Ebert-Straße bis zum Münster.

Parken

Praktisch: Die Website **www.parken-in-ulm.de** informiert aktuell und zuverlässig über die freien Plätze und Öffnungszeiten in den neun Parkhäusern im Innenstadtbereich. Diese werden auch an vielen Orten der Stadt über große Tafeln ausgeschildert, die gleich auch noch verraten, wie viele freie Plätze zur Verfügung stehen (insgesamt sind es im Stadtgebiet über 4000). Fast alle **Parkhäuser** der Stadt sind rund um die Uhr geöffnet (Ausnahme: Congress Centrum Nord, Kornhaus und Theater).

Wer in Ulm parken möchte, findet im Innenstadtgebiet eigentlich immer Platz in einem Parkhaus, nur wer sich an die Straße stellen möchte, wird es schwer haben, noch einen freien Platz zu finden. Es ist deshalb sinnvoll, vorher bei der jeweiligen Unterkunft nachzufragen, ob diese über eigene Parkplätze verfügt. Alle hier empfohlenen Parkhäu-

Das vielleicht schönste Parkhaus der Welt …

Kaltes Licht, dunkle Gänge und des Nachts ein Gefühl des Unbehagens, all das kennzeichnet Parkhäuser im Allgemeinen – nicht so in Ulm! Das Parkhaus unterhalb der Neuen Mitte bietet altes Mauerwerk aus dem 13. Jahrhundert, einen stilisierten „roten Teppich" in der Mitte, viel Platz, Infotafeln und Alltagsgegenstände aus dem im Zweiten Weltkrieg zerstörten Ulm, die gelegentlich auch Fußgänger hierhin kommen lassen.

P119 [C4] **Parkhaus am Rathaus,** Hans-und-Sophie-Scholl-Platz, Zufahrt über Neue Straße, 600 Plätze

ser kosten 0,50 € je angefangene 20 Minuten bzw. ab der dritten Stunde 1 €/Stunde. Sonntags zahlt man max. 3 €/Tag. Hier eine Auswahl an rund um die Uhr geöffneten Parkhäusern im Zentrum:

P115 [A4] **Parkhaus Deutschhaus,** Zufahrt über Zinglerstraße oder Olgastraße, 605 Plätze

P116 [D3] **Parkhaus Frauenstraße,** 780 Plätze, Einfahrt unterhalb der Drogerie Müller in der Rosengasse

P117 [C3] **Parkhaus Salzstadel,** Zufahrt über Olgastraße, 535 Plätze

Wer sein Auto an einer Straße in **Neu-Ulm** abstellen möchte, findet schon eher ein Plätzchen. Eine gute Tiefgarage befindet sich am Petrusplatz. Von hier aus kann der gesamte Stadtkern zu Fuß erreicht werden.

P118 [E5] **Tiefgarage am Petrusplatz,** Hermann-Köhl-Straße, 118 Kurzzeitstellplätze, Kosten: 0,50 € pro 25 Min., max. aber 9 €/Tag

Mietwagen

- 120 [ag] **Europcar (1),** www.europcar. de, Jägerstraße 35, Mo.–Fr. 7–20, Sa. 8–12, So. 9–11 Uhr (zu allen anderen Zeiten wird eine Zusatzgebühr erhoben)
- 121 [eh] **Europcar (2),** Borsigstraße 15, Neu-Ulm, Mo.–Fr. 7.30–12.30 und 13.30–17, Sa. 8–12, So. 8–11 Uhr
- 122 [A3] **Sixt Autovermietung,** Bahnhofsplatz 1, www.sixt.de, Mo.–Fr. 7–20, Sa./ So. 8–13 Uhr (Rückgabe rund um die Uhr möglich)

Barrierefreies Reisen

In der Tourist Information (s. S. 115) können für die Dauer von bis zu einem Tag **kostenlos Rollstühle** entliehen werden. Hier kann auch ein **Stadtplan** erworben werden (Kosten: 1 Euro), der auf die besonderen Bedürfnisse von Menschen mit Behinderung wie auf barrierefreien Zugang zu Sehenswürdigkeiten oder behindertengerechte Toiletten eingeht.

Die Website von **Stadttipps Ulm** (www.stadttipps-ulm.de) bietet Menschen mit Behinderung eine Übersicht über die Barrierefreiheit aller wichtigen Einrichtungen der Stadt und hält zudem viele weitere Informationen bereit.

Auf dem Münsterplatz ❷ befindet sich ein bronzenes **Tastmodell,** über das Menschen mit eingeschränk-

ADAC

› **ADAC-Pannendienst:** Tel. 222222 (vom Handy), 0180 2222222 (vom Festnetz)

❶123 [B4] **ADAC-Geschäftsstelle,** Neue Straße 40, Mo.–Fr. 9–18, Sa. 9.30–13 Uhr

ter Sehfähigkeit einen Eindruck von der Gestalt der Stadt gewinnen können. In Blindenschrift sind dort die wichtigsten Sehenswürdigkeiten angegeben.

Die Stadt bietet **Gruppenführungen für Sehbehinderte** an (Kosten: 90 € pro Gruppe). Näheres hierzu erfährt man in der Touristeninformation.

Eine schöne Initiative sind die **Supermärkte der Kette CAP** (s. S. 93), die körperlich oder geistig beeinträchtigten Mitarbeitern die Chance auf einen sicheren Arbeitsplatz bieten. Die Neu-Ulmer Filiale ist nicht nur sehr zentral gelegen, sondern verfügt auch über ein breites Warensortiment.

Informationsquellen

Informationsstelle in der Stadt

Die Ulm/Neu-Ulm Touristik GmbH unterhält eine Touristeninformation im Stadthaus ❸, in der sich Besucher nicht nur über das vielfältige touristische Angebot der Stadt informieren, sondern auch Führungen buchen und die UlmCard (s. S. 74) erwer-

ben können. Das Tourismusportal der Stadt bietet zudem die Möglichkeit, bereits vor der Reise eine Unterkunft zu buchen. Bei den freundlichen Mitarbeitern können zudem echter Ulmer Schmuck und einige Souvenirs erworben werden.

❯ **Tourist Information Ulm/Neu-Ulm,** im Stadthaus ❸, Tel. 0731 1612830, www.tourismus.ulm.de, geöffnet: Mo.–Fr. 9–18, Sa. 9–16, So. 11–15 Uhr

Ulm im Internet

❯ **www.ulm.de:** Portal der Stadt Ulm mit vielen Informationen zu Veranstaltungen, Wirtschaft, dem Leben in der Stadt und praktischen amtlichen Karten

❯ **http://nu.neu-ulm.de/de:** offizielle Seite von Neu-Ulm, die über ein ähnliches Angebot wie das Ulmer Pendant verfügt

⌃ *Das Tastmodell auf dem Münsterplatz* ❷ *bietet einen guten Überblick über die Ulmer Altstadt*

066ul-mb

> **www.tourismus.ulm.de:** offizielles Tourismusportal der Stadt mit vielen praktischen Informationen, einer Übersicht der besten Lokale und Hotels sowie der Stadtführungen und einem eigenen Ticketshop. Zudem gibt es hier die Möglichkeit, viele Broschüren kostenlos herunterzuladen.

> **www.swp.de:** Internetauftritt der Südwest Presse, der einflussreichsten Zeitung der Region mit Veranstaltungshinweisen und aktuellen Nachrichten

> **www.infos-ulm.de:** Wer schon einmal vorab in Ulm „eintauchen" will, kann das mittels des virtuellen Rundgangs auf dieser Website tun. Daneben gibt es zahlreiche Informationen zu öffentlichen Einrichtungen und Gastronomiebetrieben sowie zu vielen Ulmer Geschäften.

> **www.ulm-news.de:** Lokalnachrichten aus Ulm und der Region, Eventkalender und Berichte von Ulmer Bürgern über ihre Stadt

☐ *Im Stadthaus* ❸ *ist nicht nur die Tourist Information untergebracht, sondern es finden auch Vorträge und Ausstellungen statt*

Publikationen und Medien

In Ulm und Neu-Ulm sind zahlreiche lokale Medien vertreten, die nicht nur einen Einblick in das Leben der Stadt bieten, sondern auch praktische Tipps für die Gestaltung des Besuchsprogramms bieten:

Printmedien

> **Südwest Presse** (www.swp.de/ulm): Die Zeitung verfügt mit einer Auflage von 1 Mio. Exemplaren täglich über die größte Verbreitung in der Region, auch in Neu-Ulm erscheint eine Lokalausgabe.

> **Neu-Ulmer Zeitung** (www.augsburger-allgemeine.de/neu-ulm): Die Lokalausgabe der Augsburger Allgemeinen informiert täglich über alles Wichtige in der Stadt.

> **Schwäbische Zeitung** (www.schwaebische.de): Die bekannte Tageszeitung erscheint auch in Ulm mit einem eigenen Lokalteil.

Stadtmagazine

> **SpaZz** (www.spazz-magazin.de): Das monatlich erscheinende Stadtmagazin bietet neben vielen Geschich-

ten aus dem Leben der Doppelstadt auch einen sehr ausführlichen Veranstaltungskalender.

❯ **Szene Kultur** (www.szene-kultur.de): Das kostenlose Kulturmagazin für das Allgäu, den Bodenseeraum und Oberschwaben liefert viele wertvolle Veranstaltungstipps und ist vor allem für diejenigen geeignet, die die gesamte Region erkunden wollen.

Radio

❯ Die Sender **Donau 3 FM** (www.donau3fm.de), **Radio 7** (www.radio7.de) und **Radio FreeFm** (www.freefm.de) haben alle ihren Sitz in Ulm. Außerdem betreibt der SWR hier ein Außenstudio.

Fernsehen

❯ Im **SWR** laufen in der Landesschau viele Beiträge über die Donaustadt. Zudem bietet der über Satellit bundesweit empfangbare Sender **Regio TV Schwaben** (www.regio-tv.de/region/schwaben. html) ab 18 Uhr eine Sendung mit lokalen Nachrichten.

Apps zu Ulm

❯ **Ulm:** offizielle App der Stadt Ulm mit vielen wichtigen praktischen Tipps, einer Übersicht aller freien Parkplätze in den Parkhäusern, einer Übersichtskarte, Hintergrundinfos zu den wichtigsten Sehenswürdigkeiten und vielem mehr (kostenlos für Android und iOS)

❯ **Mittagstisch Ulm/Neu-Ulm:** praktischer Helfer gegen das Magengrummeln, der über eine Karte die nächsten Einkehrmöglichkeiten anzeigt, inklusive der Preise der Mittagsangebote (kostenlos für Android und iOS)

❯ **Ulmer Volksfest:** alle wichtigen Infos zum legendären Ulmer Volksfest, inklusive Wetterprognose und Anfahrtsbeschreibung (kostenlos für Android und iOS)

❯ **A+ Premium Fahrplan Ulm:** Übersicht über alle umliegenden Haltestellen mit-

▎Meine Literaturtipps

❯ *Kurz, Eugen; Schwarz, Otto; Dörner, Heiner:* **Der Schneider von Ulm. Albrecht Berblinger: Fiktion und Wirklichkeit,** *Konrad, 1986. Akribisch recherchierte Arbeit über den Schneider von Ulm (s. S. 42), die sich mit dessen Leben und Wirken beschäftigt und ihn als ein großes Genie seiner Zeit darstellt.*

❯ *Könneke, Volkmar; Thierer, Hans-Uli; Lahaye, Dominik; Lahaye, Heinz-Peter:* **Neu-Ulm: Wo die Donau Bayern küsst,** *Süddeutsche Verlagsgesellschaft, 2003. Das wunderschön gestaltete Buch ist eine echte Liebeserklärung an die Stadt, die so oft im Schatten des großen Bruders in Baden-Württemberg steht. Auch wenn das Buch bereits etwas älter ist, begeistern die fantastischen Bilder und fundierten Informationen auch heute noch.*

❯ *Zenz, Helmut:* **Ulm: Das Stadtbuch,** *Klemm & Oelschläger, 2010. Helmut Zenz war Wahl-Ulmer. In seinem sehr subjektiven, fast 300 Seiten starken Buch versuchte der Autor kurz vor seinem Tod, Menschen, die nach Ulm gezogen sind, das Leben und die Mentalität der Ulmer nahezubringen – was ihm in seinem unvergleichlich süffisanten und persönlichen Stil hervorragend gelungen ist.*

❯ *Hild, Nikola; Hild, Katharina:* **Das Ulmer Münster,** *Silberburg Verlag, 2015. Modern aufgemachtes und informatives Buch mit vielen schönen Bildern und allem Wissenswerten zu den Details des Ulmer Aushängeschilds.*

Ulm preiswert

> Die **UlmCard** (s. S. 74) bietet zahlreiche Ermäßigungen in Geschäften und Restaurants sowie kostenlosen Zugang zu vielen Museen in Ulm und Neu-Ulm. Auch eine kostenlose Stadtführung und die freie Nutzung des öffentlichen Nahverkehrs sind im Preis enthalten, sodass sich eine Anschaffung schnell auszahlt.

> **Essen gehen** ist in Ulm generell sehr günstig. In den meisten Lokalen erhält man gute, sättigende Gerichte für unter 10 Euro. Getränke sind meist günstiger als in vielen anderen Teilen Deutschlands. Wer einen längeren Aufenthalt plant und zu zweit unterwegs ist, sollte über die Anschaffung eines Restaurantblocks nachdenken, den es in beinahe allen Buchhandlungen der Stadt gibt und der viele Preisnachlässe und 2-für-1-Aktionen bietet.

> Im **Haus der Stadtgeschichte** im Schwörhaus **17** kann man eine kleine, aber liebevoll gestaltete Ausstellung zur Ulmer Stadtgeschichte bewundern - Eintritt frei! Das gleiche gilt auch für weitere Ausstellungen wie die Denk-Stätte Weiße Rose (s. S. 72).

tels GPS-Ortung, inklusive praktischer Take-me-home-Funktion (0,99 € für Android, 0,89 € für iOS)

> **Ulmer Museum:** erst seit 2015 auf dem Markt und doch bereits unverzichtbar: Mittels dieser App findet man sich nicht nur besser im Ulmer Museum **13** zurecht, sondern erhält auch allerlei praktische Hintergrundinfos (kostenlos für iOS).

> **Team-ulm.de:** Die App ist besonders für Nachtschwärmer interessant, denn sie zeigt zuverlässig die nächsten Events und Partys an (kostenlos für iOS und Android).

Tickets

Über das Portal **www.reservix.de** können Karten für verschiedene Veranstaltungen gebucht werden, darunter Konzerte, Lesungen, Sportveranstaltungen und Theater.

Internet

Leider gibt es in Ulm noch **kein flächendeckendes WLAN.** Im Innenstadtbereich bieten allerdings viele Geschäfte, Restaurants und Cafés, kostenlos WLAN an, gleiches gilt natürlich auch für die zahlreichen Unterkünfte der Stadt.

Wer auch im Urlaub dringend aufs Internet angewiesen ist und eventuell gezielt nach einem Lokal mit WLAN-Zugang sucht, der findet auf der Seite **www.wlanmap.com** eine sehr übersichtliche, aber nicht vollständige Karte mit Lokalen mit WLAN-Zugang.

In der **Stadtbibliothek 15** stehen ca. 20 PCs mit Internetzugang zur Verfügung. Möchte man das hauseigene WLAN-Netz nutzen, ist allerdings ein gültiger Bibliotheksausweis nötig.

In der Innenstadt gibt es ein kleines **Internetcafé**, das in einem indischen Lebensmittelgeschäft untergebracht ist. Hier kann man auch faxen, scannen und drucken.

@124 [D3] **Internetcafé Telenet Ulm,** Frauenstraße 35, www.internetcafe-telenet-ulm.de, geöffnet: Mo.–Fr. 10–22, Sa./So. 11–21.30 Uhr

Medizinische Versorgung

Krankenhäuser

Ulm verfügt über eine ausgezeichnete medizinische Versorgung. Neben dem Universitätsklinikum kann man auch im Bundeswehrkrankenhaus behandelt werden, das auch Zivilisten aufnimmt. Beide befinden sich nördlich des Zentrums.

✚125 Universitätsklinikum Ulm, Albert-Einstein-Allee 29, Tel. 0731 5000, www.uniklinik-ulm.de

✚126 Bundeswehrkrankenhaus Ulm, Oberer Eselsberg 40, Tel. 0731 17101001, www.bundeswehrkrankenhaus-ulm.de

Zahnarzt

Das Universitätsklinikum verfügt über ein Zentrum für Zahn-, Mund- und Kieferheilkunde, das einen hervorragenden Ruf genießt. Deutlich zentraler befindet sich die moderne Privatklinik OPUS DC dental clinic, die zudem über kundenfreundliche Öffnungszeiten verfügt.

✚127 [C4] OPUS DC dental clinic, Neue Straße 72–74, www.opus-dc.de, Tel. 0731 140160 (tägl. rund um die Uhr), geöffnet: Mo.–Fr. 7–23, Sa. 9–17 Uhr

Apotheken

Wer nachts dringend ein Medikament benötigt, kann sich über die Seite www.aponet.de/service/notdienst apotheke-finden die nächstgelegene Notfallapotheke anzeigen lassen. Die im Folgenden genannten Apotheken bieten alle einen freundlichen Service, professionelle Beratung und sind zudem zentral gelegen:

✚128 [E5] Apotheke A4 G+S Apotheken OHG, Augsburger Straße 4, Neu-Ulm, www.apotheke-a4.de, Tel. 0731 970490, geöffnet: Mo.–Fr. 8–19, Sa. 8–13 Uhr

✚129 [D3] Engel-Apotheke, Hafengasse 9, www.arzneishop.de, Tel. 0731 63884, geöffnet: Mo.–Sa. 8–20 Uhr

✚130 [B4] Hirsch-Apotheke, Hirschstraße 23, www.hirsch-apotheke.de, Tel. 0731 62006, geöffnet: Mo.–Sa. 8–20 Uhr

Mit Kindern unterwegs

Wer seinen Kindern den Besuch von Ulm schmackhaft machen möchte, der sollte unbedingt einen Besuch im **Legoland** ⓬ einplanen. Ein Riesenspaß für den Nachwuchs ist auch die Suche nach den zahlreichen **Ulmer Spatzen**, die über die gesamte Altstadt verteilt Kinderherzen höherschlagen lassen.

㉕ [ef] Tiergarten. Der Tiergarten bietet über 200 unterschiedliche Arten, darunter Kängurus, Pfauen und Schildkröten. Der Besuch lässt sich gut mit einem Bummel durch die Friedrichsau verbinden, wo es einige Spielplätze gibt.

❯ „Kinder in der Stadt" ist ein alle zwei Monate erscheinendes Magazin für die gesamte Region, das nicht nur viele Veranstaltungstipps für Familien auflistet, sondern auch viele weitere Tipps für Eltern mit Kindern bietet. Unter www.kids-ulm.de/magazin/aktuelle-ausgabe kann man die aktuelle Ausgabe online einsehen.

Ⓢ131 [eh] Sparkassendome DAV Kletterwelt, Neu-Ulm, Nelsonallee 17, www.sparkassendome.de, geöffnet: tägl. 9–23 Uhr. Wer sich sportlich betätigen möchte, kann an diesem topmodernen Kletterpark draußen wie drinnen über fast 3000 m² klettern und sich abseilen und so schon einmal einen Hauch der

067/ul-mb

nahen Alpen spüren. Es gibt einen eigenen Bereich für Kinder (Mo.–Fr. 9–17 Uhr, nur außerhalb der Schulferienzeit in Bayern und Baden-Württemberg), der einer Ritterburg nachempfunden ist. Im angeschlossenen Bistro kann man sich nach der schweißtreibenden Klettertour stärken.

🟢 [A6] **Donauschwäbisches Zentralmuseum.** Das Museum ist auch für Kinder ein Erlebnis. Es gibt nicht nur einen schönen Kinderbereich, in dem gebastelt und gemalt werden darf, sondern der Nachwuchs hat auch viel Spaß daran, in den zahlreichen Schubladen, die praktischerweise sehr niedrig angelegt sind, Entdeckungen zu machen.

🔴 [E5] **Edwin Scharff Museum.** Angeschlossen sind eine Kunstwerkstatt und ein sehenswertes und liebevoll gestaltetes Kindermuseum, das auf spielerische

⌂ *Im Neu-Ulmer Glacis-Park* 🔴 *kann der Piratennachwuchs dieses Schiff entern, während die Eltern im benachbarten Biergarten sitzen*

Weise die Funktionsweise des menschlichen Körpers erklärt. Riesenspaß: Eine Rutschfahrt durch den menschlichen Darm!

❯ **Naturkundliches Bildungszentrum** (s. S. 73). Kinder werden die vielen ausgestopften Tiere und die zahlreichen Entdeckungsmöglichkeiten lieben und die Augen der Kleinen funkeln beim Anblick der Mineraliensammlung im Untergeschoss mindestens genauso wie die Steine selbst.

Notfälle

Kartensperrung

Bei Verlust der Debit-(EC-) oder der Kreditkarte gibt es für Kartensperrungen eine **deutsche Zentralnummer** (unbedingt vor der Reise klären, ob die eigene Bank diesem Notrufsystem angeschlossen ist). Aber Achtung: Mit der telefonischen Sperrung sind die Karten zwar für die Bezahlung/Geldabhebung mit der **PIN** gesperrt, nicht jedoch für das Lastschriftverfahren **mit Unterschrift.** Man sollte daher auf jeden Fall den Verlust zusätzlich bei der Polizei **zur Anzeige bringen**, um gegebenenfalls auftretende Ansprüche zurückweisen zu können.

In **Österreich** und der **Schweiz** gibt es keine zentrale Sperrnummer, daher sollten sich Besitzer von in diesen Ländern ausgestellten Debit-(EC-) oder Kreditkarten vor der Abreise bei ihrem Kreditinstitut über den zuständigen Sperrnotruf informieren.

Generell sollte man sich immer die wichtigsten Daten wie Kartennummer und Ausstellungsdatum separat notieren, da diese unter Umständen abgefragt werden.

> **Deutscher Sperrnotruf:** Tel. +49 116116 oder Tel. +49 3040504050
> **Weitere Infos:** www.kartensicherheit.de, www.sperr-notruf.de

Notrufnummern

> **Polizei:** Tel. 110
> **Feuerwehr/Rettungsdienst:** Tel. 112
> **Ärztlicher Bereitschaftsdienst:** Tel. 116117
> **ADAC Pannenhilfe:** Tel. 222222

Fundbüros

Unter http://nu.ncu ulm.de/de/buer ger-service/buergerservice/fundbue ro (Menüpunkt „Fundbüro online") kann bereits vor dem Besuch im Fundbüro nach Gegenständen gesucht werden, die in Ulm oder Neu-Ulm verloren wurden. Die Gegenstände können dann hier abgeholt werden:

●**132** [C4] **Stadt Ulm Fundbüro,** Sattlergasse 2, Tel. 0731 1613218, geöffnet: Mo.–Fr. 8–12.30, Mo. 14–16, Do. 14–18 Uhr

●**133** [E5] **Fundbüro Neu-Ulm,** im Rathaus, Augsburger Straße 15, Tel. 0731 70506110, geöffnet: Mo./Di. 8–12 u. 13.30–16, Mi. 8–12, Do. 8–12 u. 13.30–18, Fr. 8–13 Uhr

Polizei

Die Zentrale Ulmer Polizei ist im Neuen Bau untergebracht. Auch wer keine Anzeige erstatten will, sollte dem Gebäude einen Besuch abstatten, denn im Innenhof findet sich ein schöner Brunnen und an den Dachfensterchen sind jeweils sehr schöne Holzverschläge mit dem Ulmer Stadtwappen angebracht.

🢒**134** [C4] **Polizeirevier Neuer Bau,** Münsterplatz 47, Tel 0731 1880
🢒**135** [eh] **Polizeiinspektion Neu-Ulm,** Reuttier Straße 64, Tel. 0731 80130

Öffnungszeiten

In Ulm gilt es, einige Besonderheiten hinsichtlich der Öffnungszeiten zu beachten: **Museen** sind **montags** meist **geschlossen.** In der **Schwörwoche** (s. S. 97) haben viele öffentlichen Einrichtungen, aber auch Geschäfte, kürzer geöffnet, als im Rest des Jahres.

Nachteulen sollten bedenken, dass in Ulm um 23 Uhr zwar nicht die Gehsteige hochgeklappt werden, man aber nicht mehr auf Außenterrassen im Freien sitzen kann, weshalb es abends auch recht ruhig zugeht. Man sollte sich daher als Nachtschwärmer nicht ziellos ins „Getümmel" stürzen, sondern den Abend möglichst vorher planen.

In Baden-Württemberg gilt ein generelles **Alkoholabgabeverbot ab 22 Uhr,** ausgenommen sind lediglich gastronomische Betriebe.

Radfahren

Zwar lässt sich Ulm hervorragend zu Fuß erkunden, aber insbesondere wer einen Ausflug ins Umland plant, ist mit einem Rad gut beraten, denn der Verkehr ist im Gegensatz zu anderen Städten vergleichbarer Größe überschaubar und es bieten sich zahlreiche Abstecher in die Natur an, sodass man selbst bei einer Unterkunft in einer weniger attraktiven Ecke der Stadt stets nur wenige Minuten braucht, um das Zentrum oder ein Waldstück zu erreichen. In der Stadt sind insbesondere im Sommer sehr viele Radfahrer anzutreffen, für die die Stadt eine Station auf dem Donauradweg ist.

Wer plant, die Stadt ausschließlich mit dem Rad zu erkunden, findet unter www.ulm.de/sixcms/media.php/29/2015_Radkarte_UL_NU_20_INTERNET.pdf eine **Karte** des erweiterten Stadtgebiets, in der nicht nur alle **Radwege**, sondern auch viele Biergärten und Rastplätze eingetragen sind.

Wer mit dem Rad anreist und die Stadt zu Fuß erkunden möchte, stellt seinen Drahtesel am besten im radhausDeutschhaus ab, einem **Parkhaus für Fahrräder**. Aber auch an der Westseite des Bahnhofs, im Donautal und in der Friedrichsau **24** finden sich überdachte Stellplätze.

- **136** [B4] radhausDeutschhaus, Deutschhausgasse 15, tägl. rund um die Uhr geöffnet, Abstellgebühr: 1,50 €/24 Std.

Sehr empfehlenswert sind die **geführten Radtouren** der Stadt Ulm. Neben einer klassischen Radtour können auch besondere Routen durch unbekanntere Ecken der Stadt oder Thementouren wie eine Festungstour

Spitzensport in Ulm

*Als der **SSV Ulm,** bisher in Fußball-Deutschland nur den wenigsten ein Begriff, 1996 die Deutsche Amateurmeisterschaft gegen den VFR Mannheim gewann, deutete sich bereits an, dass hier in der Fußball-Provinz im Schatten des bekannten VFB Stuttgart Großes entstehen könnte. Nur ein Jahr später übernahm dann der als „Fußball-Professor" bekannte Ralf Rangnick (heute Trainer von Rasen-Ballsport Leipzig) die Mannschaft als Trainer. Was folgte, war ein rasanter Aufstieg und der Durchmarsch von der damals drittklassigen Regionalliga Süd in die Bundesliga. Mit nur einem Punkt Vorsprung vor Hannover stiegen die „Spatzen" auf und im heimischen Donaustadion brachen alle Dämme, die 19.000 Zuschauer waren nicht mehr zu halten. Die Bundesliga staunte nicht schlecht, denn zeitgleich war mit Unterhaching eine zweite Mannschaft aus der vermeintlichen Provinz aufgestiegen. Während sich Unterhaching aber immerhin drei Spielzeiten lang in der Bundesliga halten konnte, musste Ulm bereits nach einem Jahr den Gang in die 2. Liga antreten. Auf dem Weg nach unten wurden dabei einige Duftmarken hinterlassen, die man in Ulm lieber schnell vergessen hätte. Das 1 : 9 im Heimspiel gegen Leverkusen war ebenso bemerkenswert wie die vier(!) Platzverweise, die Ulm im Spiel gegen Rostock erhielt - bis heute einsamer Rekord. Als am 34. Spieltag das direkte Duell um den Klassenerhalt gegen Eintracht Frankfurt verloren wurde, ahnte noch niemand, dass es in den kommenden Jahren noch dicker kommen sollte, denn in der Folgesaison folgte der direk-*

te Abstieg aus der 2. Bundesliga. Aufgrund wirtschaftlicher Probleme erhielt man auch keine Lizenz für die Regionalliga, von nun an ging es in der fünftklassigen Verbandsliga weiter. Es folgten weitere Insolvenzverfahren, das letzte 2014. Mittlerweile spielt man gar eine Klasse tiefer als kleine Mannschaften wie Illertissen aus dem Kreis Neu-Ulm und wurde bereits deutlich von Vereinen in der näheren Umgebung wie Heidenheim (2. Bundesliga) oder Sonnenhof Großaspach (3. Liga) abgehängt, denen auch nicht gerade der Ruf der großen weiten Fußballwelt anhaftet.

Dass Ulm jemals wieder erstklassig spielen wird, ist mehr als unwahrscheinlich, auch wenn die beeindruckende Mitgliederzahl von 9500, die allerdings nicht nur von der Fußballabteilung herrührt, immer noch an alte Zeiten erinnert. Was bleibt, sind die Erinnerungen an bessere Zeiten, die Erstligasaison und Klublegenden wie Uli Hoeneß, Toni Turek, Wolfgang Fahrian oder den hier in der Jugend aktiven Mario Gómez.

Besser machen es da die **Basketballer** von **ratiopharm Ulm,** die 2001 aus dem SSV Ulm hervorgingen. Die Ulmer lieben ihre Basketballer, das schmucke, 2011 eröffnete Stadion in Neu-Ulm (ratiopharm Arena, s. S. 97) ist bei fast jedem Heimspiel bis auf den letzten der 6000 Plätze gefüllt - ein beeindruckender Wert für eine kleine Großstadt und einen bundesweit eher wenig populären Sport. Seit einigen Jahren zählt ratiopharm Ulm zu den absoluten Spitzenmannschaften im deutschen Basketball, so konnte 2015 beispielsweise das Halbfi-

nale der Playoffs der BBL erreicht werden, wo man sich dem späteren Champion Bamberg geschlagen geben musste. Noch unter dem Namen SSV ratiopharm Ulm konnte man 1996 den Gewinn des Pokals feiern, zwei Jahre später wurde man Vizemeister, genau wie 2012. 2014 musste man sich unglücklicherweise im heimischen Stadion Alba Berlin im Pokalfinale geschlagen geben.

Ebenfalls erfolgreich sind die Ulmer **Ruderer und Kanuten,** die bei deutschen Meisterschaften regelmäßig vordere Plätze erreichen und hier dank der Donau und der Iller über ideale Trainingsbedingungen verfügen.

⌂ Der SSV Ulm kann nicht nur auf eine lange Tradition zurückblicken, sondern ist auch einer der mitgliederstärksten Vereine des Südens

oder eine sog. „Feierabendtour" gebucht werden. Nähere Infos zu Routen, Preisen und Startpunkten erteilt die Tourist Information (s. S. 115).

Für alle, die im Rahmen des **Donauradwegs** von Sigmaringen kommend Station in Ulm machen, bietet sich eine Anfahrt von Ehingen ❸❾ über Blaubeuren ❸❼ und dann entlang der Blau an (ca. 66 km, reine Fahrtzeit ca. 4 Stunden).

Fahrradverleih

In der Tourist Information (s. S. 115) kann man nach vorheriger Bestellung ein sogenanntes „**ulmer stadtrad**" ausleihen. Gegen Pfand kann der Drahtesel für eine Gebühr von 9 € (halbtags) bzw. 15 € (ganztags) pro Person entliehen werden. Man sollte allerdings bedenken, dass man ihn nur während der Öffnungszeiten der Tourist Information wieder abgeben kann.

Schwule und Lesben

Die Schwulen- und Lesbenszene in Ulm ist aufgrund der Größe der Stadt recht überschaubar, aber dafür sehr aktiv.

Das Magazin **Schwulst** ist ein ehrenamtliches Projekt, das von Schwulen und Lesben in Baden-Württemberg gepflegt wird. Über die Website findet man viele Veranstaltungstipps und einen Überblick über alle schwulen- und lesbenfreundlichen Unterkünfte, Klubs und Treffs in Ulm (www.schwulst.de, dort auf „Homoführer" klicken und Ulm auswählen).

➐**137** [F6] **Don't tell Mama,**
Turmstraße 38, Neu-Ulm, www.
facebook.com/pages/Dont-tell-
Mama/1409051892645739, Mo./

Mi. 17–1, Do. 17–2, Fr./Sa. 17–3, So. 10–23 Uhr. Beliebter Treffpunkt der schwul-lesbischen Szene in Neu-Ulm mit regelmäßigen Mottopartys, Biergarten, Karaoke und wechselnden Kulturveranstaltungen.

Sport und Erholung

Ulm verfügt über eine ausgezeichnete Bäderlandschaft, aber Achtung, abgesehen vom Nabada (s. S. 110) sollte man besser nicht in die Donau hüpfen, da die Keimbelastung recht hoch sein kann und Strömungen in bestimmten Gebieten mitunter gefährlich sein können. Das hält viele Ulmer freilich nicht davon ab, es dennoch zu tun.

🄂**138** [ci] **Donaufreibad Wonnemar,**
Wiblinger Straße 55, Neu-Ulm,
www.wonnemar.de, geöffnet: Okt.–
April So.–Do. 10–22, Fr./Sa. 10–23
Uhr, Mai–Sept. So.–Do. 10–21, Fr./
Sa. 10–22 Uhr, Freibad: ab Mitte Mai
Mo. 12–20, Di., Do., Fr., Sa. 9–20, Mi.,
Fr. 7–20 Uhr, die etwas komplizierte
Preisgestaltung entnimmt man am besten der Website. Größtes Erlebnisbad
der Region mit zahlreichen Attraktionen
für Kinder, Saunabereich, Restaurant,
Freibad mit Sprungturm und olympischem Becken sowie einer Eislauffläche
im Winter.

🄂**139** [bh] **Westbad,** Moltkestraße 30,
Tel. 0731 1613480, geöffnet: während der Schulzeit Di. 7–9.30 und
15.30–21.30, Mi. 7–18, Do. 7–9.30, Fr.
7–21.30, Sa./So. 8–18 Uhr, während
der Ferien Mo. 13.30–17, Di. 7–21.30,
Mi. 7–18, Do. 7–17, Fr. 7–21.30, Sa./
So. und feiertags 8–18 Uhr, Eintritt für
4 Stunden 3,50 €, Kinder bis 18 Jahre
2,10 €. Sauberes und beliebtes, aber
unspektakuläres Hallenbad im Ulmer
Westen.

Wer sich in Ulm aktiv betätigen möchte, muss nicht zwangsläufig ins Schwimmbad gehen. Es gibt eine Reihe weiterer Sportarten, die man im Urlaub ausprobieren kann. Hierzu gehören neben den klassischen Wanderungen durch die Schwäbische Alb das Klettern, eine Radtour, aber auch das Bouldern:

S140 [ag] **einstein Boulderhalle Ulm,** Blaubeurer Straße 100, www.boulder halle-ulm.de, Tel. 0731 60278082, geöffnet: tägl. 10–23 Uhr. Als Bouldern bezeichnet man das Klettern ohne Seil. In Söflingen kann man sich an dieser ungewöhnlichen Sportart versuchen. Bei einem Schnupperkurs kann man hier eine der fast schon kunstvoll erscheinenden Wände erklimmen.

Sprache

In **Ulm** wird selbstverständlich **Schwäbisch** gesprochen, genauer gesagt **Mittelschwäbisch**. Besucher aus dem Norden dürften allerdings nur wenige Verständigungsschwierigkeiten haben, denn naturgemäß wird in Städten weniger **Dialekt** gesprochen als auf dem Land. In Ulm beschränkt sich der Gebrauch des Schwäbischen also meist auf eine ganz eigene Sprachmelodie und Akzentuierung bestimmter Laute.

Neu-Ulm gehört zwar zu Bayern, aufgrund seiner Geschichte ist es allerdings eng mit Ulm verbunden, was sich auch in der Sprache niederschlägt. Im Vergleich zu anderen Städten im bayerischen Regierungsbezirk Schwaben wird die schwäbische Prägung hier noch deutlicher.

Eine **regionale Besonderheit** ist eine Begrüßung mit „Grüß Gott!", die man zwar aus Bayern gewohnt ist, die aber in Baden-Württemberg sonst eher selten anzutreffen ist.

Stadttouren

Die Ulm/Neu-Ulm Tourismus GmbH bietet eine Reihe verschiedener Führungen durch die Stadt an. Die Themen reichen von klassischen 90-minütigen Stadtführungen über **Gruselführungen** bis zu **speziellen Touren auf Segways**. Jeden Monat werden neben den klassischen Touren auch etwa zehn unterschiedliche **Themenführungen** angeboten, die meist am Wochenende stattfinden. Bei allen Führungen ist eine **vorherige Anmeldung** ratsam.

> **Reguläre Führungen** starten immer vor der Tourist-Info (s. S. 115), April–Okt. Mo.–Sa. 10 und 14.30, So. 11.30 und 14.30 Uhr, Nov.–März Sa. 10 und 14.30, So. 11.30 und 14.30 Uhr, während des Weihnachtsmarkts auch Mo.–Fr. 14 Uhr, Kosten: 8 €, ermäßigt 4 €, Familien 12 €, kostenlos mit UlmCard, Infos: www.tourismus.ulm.de/web/de/ service-und-angebote/stadtfuehrun gen/stadtfuehrungen.php

> Über **Themenführungen** informieren die Tourist Info bzw. die dort erhältliche Broschüre „ulm.neu-ulm führungen", die auch unter www.tourismus.ulm.de/

Schwäbeln wie die Ulmer
Wer sich näher mit dem Thema auseinandersetzen möchte, dem sei der Kauderwelsch-Band „**Schwäbisch – das Deutsch im Ländle**" aus dem Hause Reise Know-How ans Herz gelegt. Auf fast 130 Seiten erfährt man hier nicht nur allerhand über den sympathischen Dialekt, sondern findet auch einige lustige Anekdoten über Region und Bewohner.

web/we-dokumente/broschueren/UNT_Stadtfhrungen_web.pdf einsehbar ist. Mit der UlmCard erhält man 50 % Ermäßigung auf eine Abendführung.

› Der private Anbieter **Schaulustiges Ulm** bietet ebenfalls einige Führungen an, an denen man auch als Einzelperson teilnehmen kann. Die teils sehr ungewöhnlichen Themen bieten eine völlig neue Perspektive auf die Stadt und man kann so auch mal einen weniger bekannten Stadtteil erkunden. Infos: www.schaulustigesulm.de.

› Auch der Anbieter **XXtours** bietet ganzjährig ein reichhaltiges Angebot an Führungen und zwar nicht nur in Ulm, sondern auch in Blaubeuren ❸❼ an. Da die meisten Touren einen Pauschalpreis haben, sind sie insbesondere für kleinere Gruppen geeignet. Infos: http://xxtoursulm.de.

› Über **www.segtour-ulm.de** können die mittlerweile in vielen Städten beliebten Touren auf dem ungewöhnlichen Gefährt gebucht werden. Neben klassischen Ulm-Touren gibt es auf Wunsch auch individuelle Fahrten. Mindestalter: 15 Jahre, ein Mofa- oder Pkw-Führerschein ist Pflicht. Auch Fahrten durch Günzburg sind möglich.

› Ebenfalls sehr empfehlenswert ist eine Fahrt mir dem Ulmer Spatz, einem **historischen Donauschiff.** Auf einer einstündigen Tour lässt sich die Stadt vom Wasser aus bestaunen. Der Einstieg erfolgt am Metzgerturm ❷❶ und an der Friedrichsau ❷❹, Di.–Fr. ab 12.30 im 1,5-Stundentakt (letzte Fahrt 18.30 Uhr) sowie Sa./So. ab 11 Uhr. Der Fahrtpreis beträgt 9 €, Kinder ab 6 Jahren zahlen 7,50 €.

▽ *Einsteigen bitte: Donauschifffahrten bieten eine gute Möglichkeit, die Stadt vom Wasser aus kennenzulernen*

070ul-mb

Unterkunft

073ul.mb

Ulm verfügt über eine Reihe an Hotels. Die Auswahl ist für eine kleine Großstadt beachtlich. In praktisch allen Preiskategorien stehen Unterkünfte zur Verfügung, lediglich die allergünstigsten Übernachtungsmöglichkeiten sind rar gesät. Da Ulm über eine überschaubare Größe verfügt und das Gros der Sehenswürdigkeiten sich in einem Umkreis von 1,5 Kilometern um das Münster gruppiert, ist es hier weit weniger von Bedeutung, in welchem Teil der Innenstadt man unterkommt als andernorts. Wem der Sinn nach Ruhe und Entspannung ist, der findet auch im Stadtkern meist eine ruhige Unterkunft, man sollte allerdings bei der Buchung nach einem ruhigen Zimmer verlangen. Wer in Münsternähe nächtigt, muss wissen, dass auch nachts die Glocken läuten!

Hostel/Jugendherberge

In der niedrigsten Preisklasse hat man in Ulm/Neu-Ulm leider kaum Auswahl. Das Angebot beschränkt sich auf die örtliche Jugendherberge und ein Hostel in Neu-Ulm, die aber beide ein sehr gutes Preis-Leistungs-Verhältnis bieten.

141 [D6] **Brickstone** €, Schützenstraße 42, www.brickstone-hostel.de, Tel. 0731 7082559. **Klein und zentral gelegen:** Hostel in Neu-Ulm mit Küche und gemütlichem kleinen Innenhof. Übernachtungen sind im 1-/2-/3-/4-Bettzimmer möglich. Für die abendliche Unterhaltung stehen Brettspiele und ein Klavier zur Verfügung. Kleine Snacks und Getränke können über die Vertrauenskasse bezogen werden.

142 [ai] **Geschwister-Scholl-Jugendherberge Ulm** €, Grimmelfinger Weg 45,

http://ulm.jugendherberge-bw.de, Tel. 0731 384455. **Für Familien geeignet und in ruhiger Lage:** Die Herberge im Ulmer Südwesten verfügt neben Mehrbettzimmern auch über Zwei- und Vierbetträume mit eigenem Bad und ist daher auch für Familien geeignet. Nur mit Jugendherbergsausweis. Günstige Halb- und Vollpension möglich.

Hotels

143 [bg] **Blaubeurer Tor** €, Blaubeurer Straße 19, www.hotel-blaubeurertor.de, Tel. 0731 93460. **Einfach, aber sauber:** Hotel in einem schmucklosen Gebäude westlich des Bahnhofs. Die Innenstadt ist in 20 Minuten zu Fuß erreichbar, ansonsten fährt unweit des Hotels ein Bus ab. Saubere Zimmer und netter Service. Vor der Anreise sollte unbedingt abgesprochen werden, ob die Rezeption zum Anreisezeitpunkt besetzt ist. Frühstück gegen Aufpreis. SKY. WLAN.

△ *Dieser sympathische Portier heißt die Gäste des Hotels Ulmer Spatz (s. S. 129) willkommen*

071ul-mcu

144 [D3] **Comfor Hotel** €€-€€€, Frauenstraße 51, www.comfor.de, Tel. 0731 96490. **Herausragendes Frühstücksbüfett und toller Innenhof:** Von außen unscheinbares, sehr modernes und komfortables Hotel mit schönem Innenhof und sauberen Zimmern direkt unterhalb der Grabenhäusle ❽. Das Frühstücksbüfett ist reichhaltig, auch für Vegetarier gibt es viele Speisen. Getränke- und Snackautomat, WLAN, TV.

145 [C5] **Golden Tulip Neu-Ulm** €€€, Silcherstraße 40, www.goldentulip-park hotel-neu-ulm.com, Tel. 0731 80110. **Toller Blick auf Ulm:** Eine der ersten Adressen Neu-Ulms mit unschlagbarer Lage direkt an der Donau. An das Viersternehotel ist das Restaurant Edwin S. angeschlossen. Insbesondere auch bei Tagungen in der benachbarten Edwin-Scharff-Halle zu empfehlen.

146 [C3] **Hotel Anker** €-€€, Rabengasse 2, Tel. 0731 63297. **Familiäres Ambiente in Fünf-Sterne-Lage:** Kleines Hotel direkt am Münster. Die Räume sind modern eingerichtet und recht ruhig. Die freundlichen spanischen Betreiber führen unten eine kleine spanische Weinstube. In dem Haus wurde einst das Buch „Tabulae Rudolphinae" des Astronomen Johannes Kepler gedruckt. Er selbst wohnte ebenfalls in dieser Straße, das Haus wurde aber im Zweiten Weltkrieg zerstört. Nicht barrierefrei.

147 [C3] **Hotel Bäumle** €€, Kohlgasse 6, Tel. 0731 62287. **Wohnen wie ein Ulmer Patrizier:** Kleine gemütliche Zimmer in einem historischen Gebäude, das seit 1596 als Gasthaus dient. Teilweise genießt man von den Zimmern Münsterblick und in vielen Zimmern sind noch die historischen Balken des Hotels verbaut. Das Frühstück wird in einer traditi-

Preiskategorien
Die Preise beziehen sich auf eine Übernachtung pro Person ohne Frühstück

€	bis 50 Euro
€€	50 bis 100 Euro
€€€	über 100 Euro

⌂ *Im Schiefen Haus ⓱ sind alle Möbel so angefertigt worden, dass man nachts trotz der Schräglage nicht aus dem Bett rollt*

onellen Ulmer Stube eingenommen, das Hotel verfügt zudem über einige wenige Parkplätze. Nicht barrierefrei, WLAN, TV, Frühstück inklusive.

148 [C4] **Hotel Goldenes Rad** €€-€€€, Neue Straße 65, www.goldenes-rad. com, Tel. 0731 800184. 2014 renoviertes Haus. **Zwischen Münster und Neuer Mitte:** Nur 100 Meter vom Münster entfernt. Die Zimmer sind klein, aber sehr komfortabel und das Personal ist sehr hilfsbereit. Parken kann man im öffentlichen Parkhaus Neue Mitte wenige Meter vom Hotel entfernt. Hier übernachteten bereits eine russische Zarin, ein griechischer König und Wolfgang Amadeus Mozart. Heute sorgt ein DJ donnerstags für gute Stimmung. Schöne Bar in der Lobby, Zimmer teilweise barrierefrei, WLAN, SKY.

149 [C4] **Hotel Restaurant Ulmer Spatz** €€, Münsterplatz 27, www.hotel-ulmer-spatz.com, Tel 0731 68081. **Uriges Hotel mit Spatzenportier:** Die Zimmer dieses sehr zentral gelegenen Hotels sind rustikal eingerichtet und wirken, gerade weil sie nicht dem letzten Schrei der Mode entsprechen, sehr gemütlich. Im angeschlossenen Restaurant gibt es eine große Auswahl an regionalen Spezialitäten, die mit viel Liebe zubereitet werden. Schräg über dem Eingang heißt ein Spatzenportier die Gäste willkommen.

150 [B2] **Ibis Budget** €-€€, Neutorstraße 12, www.ibis.com, Tel. 0731 17662720. **Einfaches Hotel in der Nähe des Bahnhofs.** Direkt daneben befindet sich das Ibis Hotel Ulm, das etwas teurer ist. Frühstück nur gegen Aufpreis. Teilweise barrierefrei, WLAN, TV, Klimaanlage.

151 [B2] **Roter Löwe** €€-€€€, Ulmer Gasse 8, Tel. 0731 140890. **Kleines Hotel in einer ruhigen Seitenstraße der Fußgängerzone.** Kleiner Wellnessbereich und einfache, aber sehr saubere Zimmer. Nichtraucherhotel, barrierefrei. Ange-

schlossen ist das gute Wirtshaus zur Brezel (s. S. 82), das sich im rechten Gebäudeteil befindet. WLAN, TV, Garage (9,50 € pro Tag), Pool, Sauna.

19 [C5] **Schiefes Haus** €€€. Die wohl ungewöhnlichste Übernachtungsmöglichkeit der Stadt beherbergt ihre Gäste stilvoll im malerischen Fischerviertel über der beruhigenden Blau. Sogar der Schneider von Ulm (s. S. 42) wohnte hier einst. So viele Geschichtsträchtigkeit hat natürlich auch ihren Preis …

Wohnmobilstellplatz

152 [ef] **Wohnmobilstellplatz Friedrichsau,** Wielandstraße 74, Tel. 0731 1612830. **Paradiesische Zustände für Wohnmobilfans:** 50 kostenlose Stellplätze mit Ver-/Entsorgung stehen direkt an der idyllischen Friedrichsau **24** zur Verfügung.

EXTRAINFO

Buchungsportale

Neben Buchungsportalen für **Hotels** (z. B. www.booking.com, www.hrs.de oder www.trivago.de) bzw. für **Hostels** (z. B. www.hostelworld.de oder www.hostelbookers.de) gibt es auch Anbieter, bei denen man **Privatunterkünfte** buchen kann.

Portale wie www.airbnb.de, www.wimdu.de oder www.9flats.com vermitteln Wohnungen, Zimmer oder auch nur einen Schlafplatz auf einer Couch. Diese oft recht günstigen Übernachtungsmöglichkeiten sind nicht unumstritten, weil manchmal normale Wohnungen gewerblich missbraucht werden. Wenn die Stadt regulierend eingreift, kann das zu kurzfristigen Schließungen führen. Eine Buchung unterliegt also einem gewissen Restrisiko.

072ul-mb

Verkehrsmittel

Straßenbahn und Bus

Ulm verfügt über eines der **kleinsten Straßenbahnnetze des Landes**. Man kann sich nicht verfahren, denn es existiert nur eine Linie, die zwischen den Stadtteilen Söflingen im Westen und Böfingen im Osten verkehrt. Die zentralen Sehenswürdigkeiten sind am besten über die Haltestellen Rosengasse und Hauptbahnhof zu erreichen. Allerdings wird man als Tourist eher selten auf die Straßenbahn zurückgreifen müssen, da die meisten Sehenswürdigkeiten in der Innenstadt bequem zu Fuß erreicht werden können und lohnende Ausflugsziele in die Umgebung am besten mit Bus oder Bahn angefahren werden.

Früher bestand eine Straßenbahnverbindung nach Neu-Ulm, diese wurde aber vor einigen Jahren eingestellt. Dafür verkehren auf der erst 2009 umgebauten Strecke moderne **Combino-Bahnen**. Sie fahren wochentags in der Hauptzeit alle zehn Minuten, samstags und sonntags alle 10 bis 30 Minuten. In der Schwörwoche (s. S. 97) und zwischen den Jahren gelten Sonderfahrpläne.

Das **Busnetz** besteht aus insgesamt 12 Linien, natürlich ist auch Neu-Ulm an das System angeschlossen.

Tarife

Grundsätzlich haben Einzelfahrscheine nach Entwertung eine maximale **Gültigkeit** von 60 Minuten, was bei einer Stadt von der Größe Ulms aber keinerlei Probleme darstellt. Die Tickets können bequem an den **Automaten** an den Haltestellen erworben werden, in der Straßenbahn ist dies auch während der Fahrt noch möglich.

Die hier aufgeführten **Ticketpreise** gelten jeweils im gesamten Stadtgebiet von Ulm/Neu-Ulm. Für eine Fahrt in eine der Städte im Umland benötigt man je nach Entfernung individuelle Tickets, der Preis richtet sich nach der Anzahl der Waben, in die das DING-Gebiet (Donau-Iller-Nahverkehrsverbund) eingeteilt ist. Wichtig: Die Tickets müssen bei einer Fahrt mit dem **Zug** unbedingt vor der Abfahrt erworben werden, da dies im Zug selbst nicht möglich ist.

Die folgenden Preise beziehen sich auf den Kauf von **Tickets ohne Chipkarte**, deren Erwerb nur bei längeren Aufenthalten sinnvoll ist.

> **Einzelfahrschein:** 2,10 €,
> Kinder bis 14 Jahre 1,30 €
> **Tageskarte:** 5 € pro Person
> **Tageskarte für Gruppen**
> (max. 5 Personen): 6,80 €
> **Wochenkarte:** 18,90 €

Solarfähre

Eine rein mit Sonnenenergie betriebene **Fähre** verkehrt **von Juni bis September** zwischen Ulm und Neu-Ulm. Der Haltepunkt (in Neu-Ulm etwa in Höhe des Edwin-Scharff-Hauses, in Ulm an der Stadtmauer südlich des Fischerviertels) ist nicht zu übersehen. Die Fähre bietet eine schöne Möglichkeit, umweltverträglich über die Donau überzusetzen und man genießt einen tollen Blick aufs Wasser.

❯ www.solarstiftung.eu/de/solarflotte.
html, Juni–Sept. Sa./So. und an Feiertagen 13–19 Uhr, Preis für die Überfahrt: 1 €, Kinder und Studenten frei

Ein kleines **Solarboot** verkehrt zwischen Metzgerturm ㉑, Adlerbastei ㉓, Barfüßer (auf der Neu-Ulmer Seite) und gelegentlich auch der Friedrichsau ㉔. Eine Rundfahrt mit der Solarfähre ist ebenfalls möglich (Dauer: 30 Minuten).

❯ Juni–Sept. Sa. 14.30–16, So. und an Feiertagen 14.30–16 Uhr, Kurzstrecke 1 €, Rundfahrt 3 €, Schüler und Studenten kostenlos

Taxi

An Taxen herrscht in Ulm kein Mangel, allerdings ist es insbesondere in den Abend- und Nachtstunden gut, wenn man die Augen offenhält oder rechtzeitig ein Taxi bestellt. Wer abends an der Neuen Straße [B–E4] in Ulms Neuer Mitte ein Taxi sucht, muss nicht lange warten.

◁ *Praktisch: Da Ulm nur über eine Straßenbahnlinie verfügt, die die Stadt von West nach Ost durchläuft, kann man sich nicht verfahren*

❯ **Ulmer Taxi,** Tel. 0731 66066. Auch über die empfehlenswerte App Taxi Ulm (kostenlos für iOS und Android) buchbar, bei der man Sonderwünsche wie einen großen Kofferraum oder Hilfe beim Einsteigen mit angeben kann.

❯ **Donau-Taxen Neu-Ulm,** www.donau-taxen.de, Tel. 0731 77000. Taxifahrer-Genossenschaft. Mit Airport-Service (Memmingen, Stuttgart, München).

Verhaltenstipps

Ulms pittoresker Stadtkern und insbesondere das Fischerviertel bilden die perfekte Kulisse für einen Abendspaziergang oder eine abendliche Kneipentour. Allerdings sollte man stets bedenken, dass im Unterschied zu manch anderer Altstadt hier noch viele Menschen wohnen, weshalb man sich gerade **nach 22 Uhr unbedingt ruhig verhalten** sollte. Auch sollte man beim **Fotografieren** von Wohnhäusern bei gleichzeitiger Anwesenheit der Mieter/Eigentümer höflich fragen, ob diese nichts dagegen einzuwenden haben, wenn man ihre Fassade bzw. ihren Garten ablichtet, das gilt insbesondere für das Fischerviertel ⑱ und die Grabenhäusle ⑧.

Wetter und Reisezeit

Ulm ist von einem sehr **gemäßigten Klima** geprägt. Die Temperaturen erreichen im Sommer nur selten Werte jenseits der 30 Grad, dafür ist es im Winter meist bis auf ein oder zwei Wochen sehr mild, zudem verfügt die Stadt über eine im bundesweiten Vergleich hohe Anzahl an Sonnenstunden. **Regen** tritt in Ulm nicht nur in den Sommermonaten relativ häufig auf. Im Herbst und Frühjahr ist

078ul-mb

die Stadt morgens oft in malerische **Nebelschwaden** gehüllt. Der mitunter starke Nebel, der oft erst gegen Mittag abzieht, kann dazu führen, dass man beispielsweise am Donauufer von Neu-Ulm aus das Münster nicht mehr sieht. Eine regionale Besonderheit bildet der **Föhn**, ein Wind, der in der Nähe von Gebirgen auftritt und leider bei vielen Menschen Kopfschmerzen auslöst. Auf der anderen Seite führt der Föhn aber auch dazu, dass man mit etwas Glück die Alpen erblicken kann.

Das Schöne an Ulm ist, dass sich eine **Reise** hierher **zu jeder Jahreszeit** anbietet, was nicht nur am Klima liegt. Die zahlreichen Veranstaltungen, die das Ulmer Jahr prägen (s. S. 96) bieten die ideale Möglichkeit, eine Reise zu planen. Man sollte allerdings immer im Blick haben, dass eine gemütliche Großstadt wie Ulm nur über eine recht begrenzte Zahl an Übernachtungsmöglichkeiten verfügt und daher insbesondere während Großveranstaltungen wie der Schwörwoche zeitig eine Unterkunft buchen.

◰ *Dieser Ulmer*
ist für jedes Wetter gerüstet

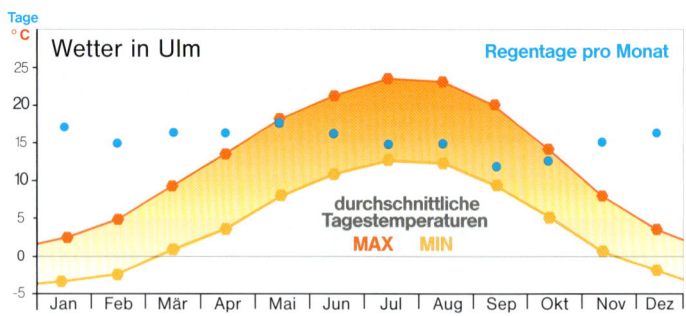

ANHANG

047ul Abb.: mb

Register

A

Adlerbastei 41
Alter Friedhof 28
Amerikaner 60
An- und Rückreise 112
Apotheken 119
Apps 117
Arzt 119
Astronomische Uhr 34
Ausflüge 61
Ausgehen 86
Autofahren 113

B

Barrierefreies Reisen 114
Bars 88
Basilika St. Martin 53
Basketball 123
Berblinger,
	Albrecht Ludwig 42, 106
Besonderheiten 11
Biberach an der Riß 65
Biergärten 88
Blaubeuren 61
Blautopf 61
Botanischer Garten 48
Brauereien 65
Bücher 92
Buchungsportale 129
Bummeln 8
Bundesfestung 46
Bus 113, 130

C, D

Cafés 84
Debitkarte 120
DenkStätte Weiße Rose 72
Discos 89
Dokumentationszentrum
	im Fort Oberer Kuhberg 73
Donau 109
Donau-Cup 97
Donaufest 97, 109
Donauschwäbisches
	Zentralmuseum 51

E

EC-Karte 120
Edwin Scharff Museum 57
Ehingen 64, 65
Einkaufen 90
Einstein, Albert 106
Einwohner 106
Entspannen 95
Erhard, Ludwig 107
Erholung 124
Essen und Trinken 77
Eyth, Max 42

F

Fernbus 113
Feste 96
Festungsweg 46
Fischerplätzle 39
Fischerstechen 98, 110
Fischerviertel 38
Fischkastenbrunnen 35
Flugzeug 113
Fort Oberer Kuhberg 50
Frauenkirche (Günzburg) 70
Fremdenverkehrsamt 115
Friedrichsau 43
Fundbüros 121
Fußball 122

G

Galerien 75
Gänsturm 30
Gastronomie 77
Gigelturm 68
Glacis-Park 59
Grabenhäusle 28
Grüner Hof 40
Günzburg 68

H

Haus der Stadtgeschichte 37
Heimatmuseum Günzburg 70
Herr Zopf's Friseurmuseum 75
HFG-Archiv 73
Homosexuelle 124
Hostel 127
Hotels 127

I
Informationsquellen 115
Insel 56
Internet 118
Internetseiten 115

J
Jazz 86
Judenhof 30
Jugendherberge 127

K
Kaiser Friedrich Barbarossa 107
Karajan, Herbert von 107
Kartensperrung 120
Kaufhäuser 90
Kinder 119
Kinos 87
Kleidung 91
Kleinbrauermarkt 96
Klosterhof Söflingen 49
Kloster Wiblingen 52
Klubs 89
Knef, Hildegard 106
Kneipen 88
Köhl, Hermann 106
Kollmannspark 61
Kornhaus 26
Krankenhäuser 119
Kreditkarte 120
Krüger, Mike 107
Kulturnacht 98
Kunsthalle Weishaupt 31
Kunstpfad 49

L
Laichinger Tiefenhöhle 63
Landesposaunentag 98
Lebensmittel 93
Legoland 70
Lesben 124
Literaturtipps 117
Lokale 79

M
Maestro-Karte 120
Märkte 93

Martin-Luther-Kirche 51
Medien 116
Medizinische Versorgung 119
Menschen mit Behinderung 114
Metzgerturm 40
Mietwagen 114
Minnesängersaal 40
Mittelschwäbisch 125
Münster 17
Münsterplatz 24
Museen 72
Museum Biberach 68
Museum der Brotkultur 26
Museum in der Klostermühle 73
Musik, klassische 87

N
Nabada 97, 110
Nachtleben 86
Narrensprung 96
Nationalsozialisten 50
Naturkundliches Bildungszentrum 73
Neptunbrunnen 31
Neue Mitte 32
Neu-Ulm 56
Notfälle 120
Notrufnummern 121

O
Oberschwäbische Barockstraße 67
Öffnungszeiten 121
Oldtimerfabrik Classic 74

P
Parken 113
Partnerstädte 31
Pauluskirche 27
Polizei 121
Publikationen 116

R
Radfahren 122
Rathaus 34
ratiopharm arena 97
ratiopharm Ulm 123
Rauchen 89
Reisezeit 131

Restaurants 79
Rundgänge 12

S
Schachteln 11
Scharff, Edwin 57, 106
Schiefes Haus 38
Schmidt, Harald 107
Schmuck 91
Schneider von Ulm 42
Scholl, Sophie und Hans 107
Schuhe 91
Schwäbisch 125
Schwäbische Küche 77
Schwörhaus 36
Schwörmontag/-woche 97
Schwule 124
Shopping 90
Solarfähre 131
Souvenirs 94
Spartipps 118
Spatzen 76
Spatzenbad 25
Sperrnummer 121
Sport 122, 124
Sprache 125
SSV Ulm 122
Stadtbibliothek 35
Stadtfest Neu-Ulm 97
Stadtgeschichte 102
Stadthaus 25
Stadtmauer 41
Stadtpfarrkirche St. Martin 68
Stadtspaziergänge 12
Stadttouren 125
Stehcafés 84
St. Georg 28
St. Johann Baptist 58
Straßenbahn 130
Supermärkte 93
Synagoge 35

T
Tag der Festung 97
Taxi 131
Termine 96
Theater 87
Tickets 118
Tiergarten 43

Tourismus & Stadtmarketing Biberach 68
Tourist-Information Günzburg 70
Tourist Information Ulm/Neu-Ulm 115
Turmbesteigung (Münster) 23

U
UlmCard 74
Ulmer 106
Ulmer Münster 17
Ulmer Museum 33
Ulmer Schachteln 11
Ulmer Volksfest 98
Ulmer Weihnachtsmarkt 98
Ulmer Weinfest 98
Ulmer Zelt 97
Unterkunft 127
Urgeschichtliches Museum (urmu) 63

V
Valentinskapelle 24
Veranstaltungen 96
Verhaltenstipps 131
Verkehrsmittel 130
Vorwahl 5

W
Wappen 105
Wasserturm 61
Websites 115
Weihnachtsmarkt 98
Weinstuben 88
Weiße Rose 24, 72, 107
Weißer Turm 68
Werksverkauf 94
Wetter 131
Wiblinger Bachtage 97
Wieland Museum 68
Wilhelmsburg 45
Wirtschaft 108
WLAN 118
Wohnmobilstellplatz 129

Z
Zahnarzt 119
Zeughaus 29
Zillen 11
Zoo 43
Zug 112
Zundelturm 28

Ulm mit PC, Smartphone & Co.

QR-Code auf dem Umschlag scannen oder **www.reise-know-how.de/citytrip/ulm16** eingeben und die **kostenlose Web-App** aufrufen (Internetverbindung zur Nutzung nötig)!

★ Anzeige der Lage und Satellitenansicht **aller** beschriebenen Sehenswürdigkeiten und touristisch wichtigen Orte
★ **Routenführung** vom aktuellen Standort zum gewünschten Ziel
★ **Exakter Verlauf** der empfohlenen Stadtspaziergänge
★ **Updates** nach Redaktionsschluss

GPS-Daten zum Download

Auf der Produktseite dieses Titels unter www.reise-know-how.de stehen die GPS-Daten aller Ortsmarken als KML-Dateien zum Download zur Verfügung.

Stadtplan für mobile Geräte

Um den Stadtplan auf Smartphones und Tablets nutzen zu können, empfehlen wir die App „PDF Maps" der Firma Avenza™. Der Stadtplan wird aus der App heraus geladen und kann dann mit vielen Zusatzfunktionen genutzt werden.

Die Web-App und der Zugriff auf diese über QR-Codes sind eine freiwillige, kostenlose Zusatzleistung des Verlages. Der Verlag behält sich vor, die Bereitstellung des Angebotes und die Möglichkeit der Nutzung zeitlich und inhaltlich zu beschränken. Der Verlag übernimmt keine Garantie für das Funktionieren der Seiten und keine Haftung für Schäden, die aus dem Gebrauch der Seiten resultieren. Es besteht ferner kein Anspruch auf eine unbefristete Bereitstellung der Seiten.

082ul-mb

Das komplette Programm zum Reisen und Entdecken von
REISE KNOW-HOW

- **Reiseführer –** alle praktischen Reisetipps von kompetenten Landeskennern
- **CityTrip –** kompakte Informationen für Städtekurztrips
- **CityTrip^{PLUS} –** umfangreiche Informationen für ausgedehnte Städtetouren
- **InselTrip –** kompakte Informationen für den Kurztrip auf beliebte Urlaubsinseln
- **Wohnmobil-Tourguides –** alle praktischen Reisetipps für Wohnmobil-Reisende
- **Wanderführer –** exakte Tourenbeschreibungen mit Karten und Anforderungsprofilen
- **KulturSchock –** Orientierungshilfe im Reisealltag
- **Kauderwelsch Sprachführer –** vermitteln schnell und einfach die Landessprache
- **Kauderwelsch plus –** Sprachführer mit umfangreichem Wörterbuch
- **world mapping project™ –** aktuelle Landkarten, wasserfest und unzerreißbar
- **Edition REISE KNOW-HOW –** Geschichten, Reportagen und Abenteuerberichte

Zu Hause und unterwegs – intuitiv und informativ

▶ **www.reise-know-how.de**

- **Immer und überall** bequem in unserem Shop einkaufen

- Mit **Smartphone, Tablet** und **Computer** die passenden Reisebücher und Landkarten finden

- **Downloads** von Büchern, Landkarten und Audioprodukten

- Alle **Verlagsprodukte** und **Erscheinungstermine** auf einen Klick

- **Online** vorab in den Büchern **blättern**

- Kostenlos **Informationen, Updates** und **Downloads** zu weltweiten Reisezielen abrufen

- **Newsletter** anschauen und abonnieren

- Ausführliche **Länderinformationen** zu fast allen Reisezielen

Der Autor

Markus Bingel stammt aus Baden-Württemberg. Er studierte Geschichte und Soziologie in Bielefeld und Freiburg und arbeitete zeitweise in Polen, der Ukraine und Russland. In letzter Zeit zieht es ihn immer mehr in die Heimat, wo er mit Ulm eine wunderschöne Stadt vorfindet. Zahlreiche Reisen und berufliche wie private Kontakte in die Donaustadt machen ihn mittlerweile zu einem echten Ulm-Kenner.

Heute arbeitet der passionierte Numismatiker als Lektor und Journalist. Von ihm sind im REISE KNOW-HOW Verlag die Bücher „Polnisch Slang", „CityTrip Posen" sowie als Redakteur „CityTrip Warschau" erschienen.

Danksagung

Mein Dank gebührt Herrn Homburg von der Ulm/Neu-Ulm Touristik GmbH, Volker Bingel für die Unterstützung bei der Recherche und Elmar Bingel, der mir seine Kamera zur Verfügung gestellt hat.

Schreiben Sie uns

Dieses Buch ist gespickt mit Adressen, Preisen, Tipps und Daten. Unsere Autoren recherchieren unentwegt und erstellen alle zwei Jahre eine komplette Aktualisierung, aber auf die Mithilfe von Reisenden können sie nicht verzichten. Darum: Teilen Sie uns bitte mit, was sich geändert hat oder was Sie neu entdeckt haben. Gut verwertbare Informationen belohnt der Verlag mit einem Sprachführer Ihrer Wahl aus der Reihe „Kauderwelsch".

Kommentare übermitteln Sie am einfachsten, indem Sie die Web-App zum Buch aufrufen (siehe Umschlag hinten) und die Kommentarfunktion bei den einzelnen auf der Karte angezeigten Örtlichkeiten oder den Link zu generellen Kommentaren nutzen.

Wenn sich Ihre Informationen auf eine konkrete Stelle im Buch beziehen, würde die Seitenangabe uns die Arbeit sehr erleichtern. Unsere Kontaktdaten entnehmen Sie bitte dem Impressum.

Impressum

Markus Bingel

CityTrip Ulm

© REISE KNOW-HOW Verlag
Peter Rump GmbH

1. Auflage 2016

Alle Rechte vorbehalten.

ISBN 978-3-8317-2663-9
PRINTED IN GERMANY

Druck und Bindung:
Media-Print, Paderborn

Herausgeber: Klaus Werner
Layout: amundo media GmbH (Umschlag, Inhalt),
Peter Rump (Umschlag)
Lektorat: amundo media GmbH
Karten: Ingenieurbüro B. Spachmüller,
amundo media GmbH
Anzeigenvertrieb: KV Kommunalverlag GmbH &
Co. KG, Alte Landstraße 23, 85521 Ottobrunn,
Tel. 089 928096-0, info@kommunal-verlag.de
Kontakt: Osnabrücker Str. 79, 33649 Bielefeld,
info@reise-know-how.de

Alle Angaben in diesem Buch sind gewissenhaft geprüft. Preise, Öffnungszeiten usw. können sich jedoch schnell ändern. Für eventuelle Fehler übernehmen Verlag wie Autor keine Haftung.

Bildnachweis

Umschlagvorderseite: Dreamstime.com © Peter Lovás | Umschlagklappe rechts: Donaubüro Ulm/Neu-Ulm
Soweit ihre Namen nicht vollständig am Bild vermerkt sind, stehen die Kürzel an den Abbildungen für die folgenden Fotografen, Firmen und Einrichtungen. Markus Bingel: mb | fotolia.com: fo | 123rf: rf | Donaubüro Ulm/Neu-Ulm: db | IRGW/Meir Dahan: IRGW | Reinhold Armbruster-Mayer, Mayer-Cards Ulm: mcu | Staatliche Schlösser und Gärten Baden-Württemberg: ssg | Rose Böttcher: rb

Liste der Karteneinträge

❶ [C4] Ulmer Münster S. 17
❷ [C4] Auf dem Münsterplatz S. 24
❸ [C4] Stadthaus S. 25
❹ [C3] Museum der Brotkultur S. 26
❺ [D3] Kornhaus S. 26
❻ [D1] Pauluskirche S. 27
❼ [D2] St. Georg S. 28
❽ [D2] Grabenhäusle und
Zundelturm S. 28
❾ [E3] Zeughaus S. 29
❿ [E3] Gänsturm S. 30
⓫ [D4] Judenhof S. 30
⓬ [D4] Kunsthalle Weishaupt S. 31
⓭ [D4] Ulmer Museum S. 33
⓮ [C4] Rathaus S. 34
⓯ [C4] Stadtbibliothek S. 35
⓰ [C4] Synagoge S. 35
⓱ [C4] Schwörhaus S. 36
⓲ [C5] Fischerviertel S. 38
⓳ [C5] Schiefes Haus S. 38
⓴ [C5] Fischerplätzle S. 39
㉑ [C5] Metzgerturm S. 40
㉒ [D4] Grüner Hof und
Minnesängersaal S. 40
㉓ [E4] Adlerbastei und
Stadtmauer S. 41
㉔ [ef] Friedrichsau S. 43
㉕ [ef] Tiergarten S. 43
㉖ [cf] Wilhelmsburg S. 45
㉗ [Faltplan] Botanischer
Garten S. 48
㉘ [ah] Klosterhof Söflingen S. 49
㉙ [ai] Fort Oberer Kuhberg S. 51
㉚ [A6] Donauschwäbisches
Zentralmuseum S. 51
㉛ [Faltplan] Kloster
Wiblingen S. 52
㉜ [E5] Insel S. 56
㉝ [E5] Edwin Scharff Museum S. 57
㉞ [E5] St. Johann Baptist S. 58
㉟ [E7] Glacis-Park S. 59
㊱ [D7] Kollmannspark
und Wasserturm S. 61
㊲ [Faltplan] Blaubeuren
und Blautopf S. 61

㊳ [Faltplan] Laichinger
Tiefenhöhle S. 63
㊴ [Faltplan] Ehingen S. 64
㊵ [Faltplan] Biberach
an der Riß S. 65
㊶ [Faltplan] Günzburg S. 68
㊷ [Faltplan] Legoland S. 70

★1 [D1] Alter Friedhof S. 28
☺2 [ef] Hundskomödie S. 44
ii3 [ch] Martin-Luther-Kirche S. 51
⛪27 [D3] DenkStätte
Weiße Rose S. 72
⛪28 [ai] HFG-Archiv S. 73
⛪29 [ah] Museum in der
Klostermühle S. 73
⛪30 [D3] Naturkundliches
Bildungszentrum S. 73
⛪32 [di] Herr Zopf's
Friseurmuseum S. 75
☻33 [D4] Kunstverein Ulm im
Schuhhaussaal S. 75
●35 [A3] adam & eve's S. 80
●36 [ah] Erdapfel Bio-Bistro S. 80
●37 [F5] Villa MaJo S. 80
●38 [F3] Panorama S. 81
●39 [B5] Allgäuer Hof S. 79
●40 [C4] Barfüßer Ulm S. 79
●41 [G3] Barfüßer Neu-Ulm S. 79
●42 [C5] Gasthaus im Zunfthaus
der Schiffleute S. 79
☻43 [ah] Klosterhof S. 81
●44 [C3] Ofaschlupfer S. 81
●45 [D3] Pflugmerzler S. 81
●46 [B4] Restaurant zur
Lochmühle S. 81
●47 [eg] Schlössle S. 81
●48 [B4] Wilder Mann S. 82
●49 [C5] Zur Forelle S. 82
●50 [C4] Zur Zill S. 82
●51 [D3] Historisches Brauhaus
Drei Kannen S. 83
●52 [E4] Bootshaus Ulm S. 83
●53 [D4] ándale S. 82

🛈54 [C4] Besitos S. 82
🛈55 [E3] Goldener Bock S. 82
🛈56 [D5] Insel vom Stein S. 82
🛈57 [B4] Lava S. 83
🛈58 [C3] metá S. 84
🛈59 [C4] QMUH S. 84
🛈60 [E5] Sushi Wok S. 84
◐61 [E5] Bäckerei Honold S. 84
◐62 [C3] Bäckerei Zaiser S. 85
◐63 [C3] Brettle S. 85
◐64 [C3] Café Tröglen S. 85
◐65 [C5] Cafe Ulmer Münz S. 85
◐66 [D4] Choclet S. 85
◐67 [B3] Henry's Coffee World (1) S. 85
◐68 [C4] Henry's Coffee World (3) S. 85
◐69 [C3] Kammerzelt S. 85
🛈70 [B4] Kulisse S. 88
⊕71 [df] Sauschdall S. 87
◐72 [B2] Theater Ulm S. 87
◐73 [E5] Theater Neu-Ulm S. 87
▨74 [B4] Xinedome S. 87
▨75 [ei] Dietrich Theater S. 87
▨76 [D2] Lichtburg S. 87
▨77 [D3] Mephisto S. 87
🛈78 [D4] Bossa Nova S. 88
🛈79 [C3] Yamas S. 88
◐80 [E3] Bierakademie S. 88
◐81 [E7] Biergarten
    im Glacis Neu-Ulm S. 89
◐82 [C3] Capós Größenwahn S. 89
◐83 [C4] Trödler Abraham S. 89
⊕84 [A5] Frau Berger S. 89
⊕85 [C4] Myers S. 89
⊕86 [C3] Theatro S. 89
⊕87 [ei] Wiley Club S. 89
⊕88 [B6] Roxy S. 89
🛍89 [ag] Blautal Center S. 90
🛍90 [F5] Glacis-Galerie S. 91
🛍91 [C4] Kaufhaus
    Münstertor S. 91
🛍92 [B3] Bielefelder Wäsche S. 91
🛍93 [B4] Frauenzimmer Ulm S. 91
🛍94 [C3] La Voglia S. 91
🛍96 [C3] Lumooli S. 92
🛍97 [C3] Oxfam S. 92
🛍98 [D4] Sieben Rosen S. 92
🛍99 [B4] Wöhrl S. 92

🛍100 [B3] Antiquariat Bader S. 92
🛍101 [C3] Münzhandlung Heinrich
     Wickert S. 92
🛍102 [C3] Herwig S. 92
🛍103 [B4] Hugendubel S. 93
🛍104 [D5] CAP S. 93
🛍105 [C3] Käshäusle S. 93
🛍106 [C3] KornMühle S. 93
🛍107 [E5] Wochenmarkt
     Neu-Ulm S. 94
●111 [di] ratiopharm arena S. 97
●112 [A3] Hauptbahnhof Ulm S. 112
●113 [F6] Bahnhof Neu-Ulm S. 113
🅿115 [A4] Parkhaus
     Deutschhaus S. 114
🅿116 [D3] Parkhaus
     Frauenstraße S. 114
🅿117 [C3] Parkhaus
     Salzstadel S. 114
🅿118 [E5] Tiefgarage am
     Petrusplatz S. 114
🅿119 [C4] Parkhaus am Rathaus S. 114
●120 [ag] Europcar (1) S. 114
●121 [eh] Europcar (2) S. 114
●122 [A3] Sixt Autovermietung S. 114
🛈123 [B4] ADAC-Geschäftsstelle S. 114
@124 [D3] Internetcafé Telenet
     Ulm S. 118
✚127 [C4] OPUS DC
     dental clinic S. 119
✚128 [E5] Apotheke A4 G+S
     Apotheken OHG S. 119
✚129 [D3] Engel-Apotheke S. 119
✚130 [B4] Hirsch-Apotheke S. 119
🆂131 [eh] Sparkassendome DAV
     Kletterwelt S. 119
●132 [C4] Stadt Ulm Fundbüro S. 121
●133 [E5] Fundbüro Neu-Ulm S. 121
➤134 [C4] Polizeirevier
     Neuer Bau S. 121
➤135 [eh] Polizeiinspektion
     Neu-Ulm S. 121
●136 [B4] radhausDeutschhaus S. 122
🛈137 [F6] Don't tell Mama S. 124
🆂138 [ci] Donaufreibad
     Wonnemar S. 124
🆂139 [bh] Westbad S. 124

S140 [ag] einstein Boulderhalle
Ulm S. 125

141 [D6] Brickstone S. 127

142 [ai] Geschwister-Scholl-
Jugendherberge Ulm S. 127

143 [bg] Blaubeurer Tor S. 127

144 [D3] Comfor Hotel S. 128

145 [C5] Golden Tulip Neu-Ulm S. 128

146 [C3] Hotel Anker S. 128

147 [C3] Hotel Bäumle S. 128

148 [C4] Hotel Goldenes Rad S. 129

149 [C4] Hotel Restaurant Ulmer
Spatz S. 129

150 [B2] Ibis Budget S. 129

151 [B2] Roter Löwe S. 129

152 [ef] Wohnmobilstellplatz
Friedrichsau S. 129

Zeichenerklärung

10	Hauptsehenswürdigkeit, fortlaufend nummeriert
[E3]	Verweis auf Planquadrat im Kartenmaterial
✚ ✚	Arzt, Apotheke, Krankenhaus
	Bar, Klub
	Bibliothek
	Biergarten, Brauhaus, Kneipe
	Café
	Denkmal
	Fischrestaurant
†	Friedhof
	Galerie
	Geschäft, Warenhaus, Markt
	Hotel, Unterkunft
	Imbiss, Bistro
	Informationsstelle
@	Internetcafé
	Jugendherberge
	Kino
	Kirche
	Museum
	Musikszene, Disco
P P	Parkplatz/-haus
	Polizei
	Postamt
	Restaurant
★	Sehenswürdigkeit
•	Sonstiges
S	Sport-/Spieleinrichtung
O	Straßenbahn-Halt
	Theater
	Turm
	vegetarisches Restaurant
	Weinlokal
	Shoppingareal
	Gastro- und Nightlife-Areal
	Spaziergang 1: Ulm (s. S. 12)
	Spaziergang 2: Neu-Ulm (s. S. 15)

Hier nicht aufgeführte Nummern
liegen außerhalb der abgebildeten
Karten. Ihre Lage kann aber wie die
von allen Ortsmarken im Buch mithilfe der Web-App angezeigt werden
(s. S. 137).

Stadtnetz Ulm / Neu-Ulm

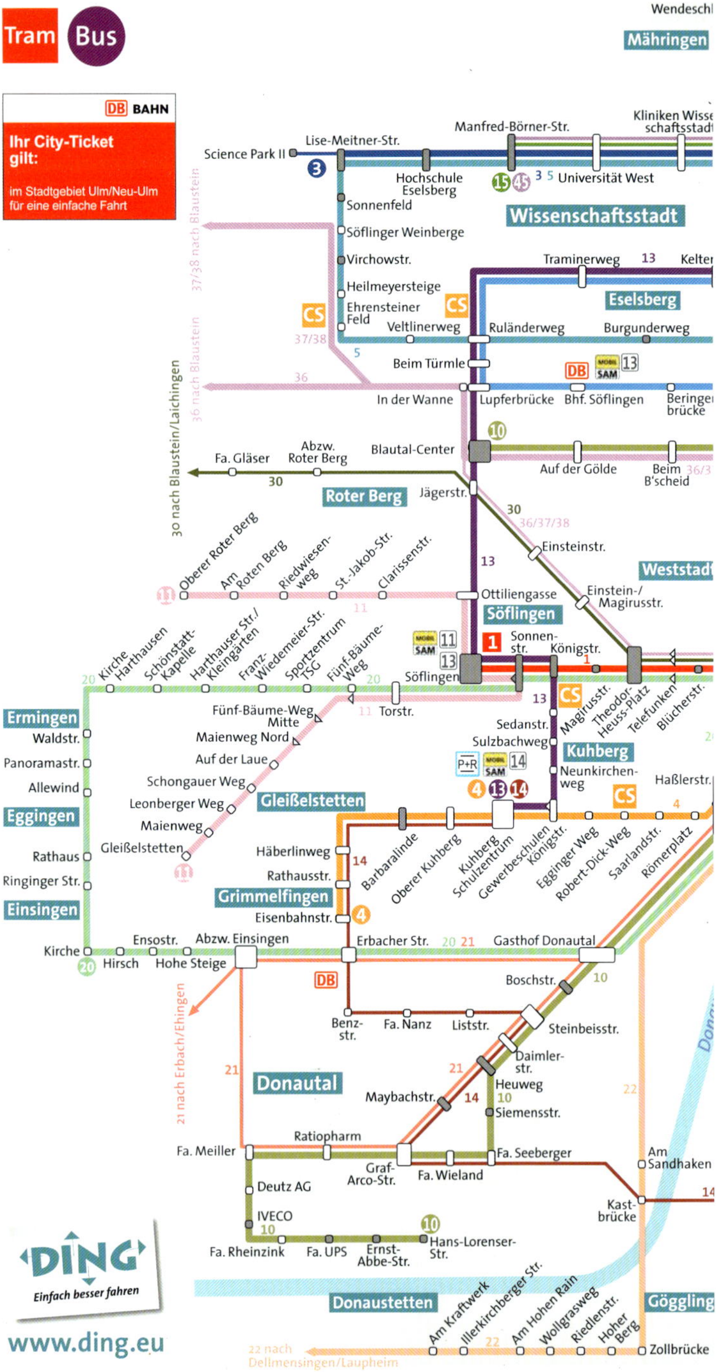

Tram **Bus**

Wendeschl

Mähringen

Science Park II — **3**

Lise-Meitner-Str.

Manfred-Börner-Str.

Kliniken Wissenschaftsstadt

Hochschule Eselsberg

15 45 3 5 Universität West

Sonnenfeld

Wissenschaftsstadt

Söflinger Weinberge

Virchowstr.

Traminerweg 13 Kelter

Heilmeyersteige

Eselsberg

Ehrensteiner Feld

CS

CS

Veltlinerweg Ruländerweg Burgunderweg

37/38

5

Beim Türmle

DB **MOBIL SAM 13** Beringer

36

In der Wanne Lupferbrücke Bhf. Söflingen brücke

10

Fa. Gläser

Abzw. Roter Berg

Blautal-Center

Auf der Gölde Beim 36/38 B'scheid

30

Jägerstr.

Roter Berg

30 Einsteinstr. **Weststadt**

36/37/38

Oberer Roter Berg

Arn Roten Berg

Riedwiesenweg

St.-Jakob-Str.

Clarissenstr.

13

Ottiliengasse

Einstein-/ Magirusstr.

11

11

Söflingen

Kirche Harthausen

Schönstättkapelle

Harthauser Str./ Kleingärten

Franz-Wiedemeier-Str.

Sportzentrum TSG

Fünf-Bäume-Weg

MOBIL SAM 11 Sonnenstr. Königstr.

1

20

13 Söflingen

13 **CS** Magirusstr.

Theodor-Heuss-Platz

Telefunken

Blücherstr.

Fünf-Bäume-Weg Mitte

11 Torstr.

20

Ermingen

Maienweg Nord

Sedanstr. Sulzbachweg

Kuhberg

Waldstr.

Auf der Laue

P+R **MOBIL SAM 14** Neunkirchenweg

Panoramastr.

Schongauer Weg

4 13 14

Haßlerstr.

Allewind

Leonberger Weg

Gleißelstetten

Egginger Weg

Robert-Dick-Weg

Saarlandstr.

CS 4

Eggingen

Maienweg

Gewerbeschulen Königstr.

Römerplatz

Rathaus

Gleißelstetten

Häberlinweg

14 Barbaralinde

Kuhberg Schulzentrum

Ringinger Str.

Rathausstr.

Oberer Kuhberg

Gewerbeschulen

Einsingen

Grimmelfingen

Eisenbahnstr.

4

Kirche Ensostr.

Abzw. Einsingen

Erbacher Str. 20 21 Gasthof Donautal

20 Hirsch Hohe Steige

DB

Boschstr.

10

Benzstr.

Fa. Nanz

Liststr.

Steinbeisstr.

Daimlerstr.

21

Donautal

21 Heuweg

22

Maybachstr.

14 Siemensstr.

Fa. Meiller

Ratiopharm

Fa. Seeberger

Am Sandhaken

Deutz AG

Graf-Arco-Str.

Fa. Wieland

IVECO

10

Kastbrücke

14

Fa. Rheinzink Fa. UPS

Ernst-Abbe-Str.

10 Hans-Lorenser-Str.

Donaustetten

Göggling

22 nach Dellmensingen/Laupheim

Am Kraftwerk

Illerkirchberger Str.

Am Hohen Rain

Wollgasweg

Riedlenstr.

Hoher Berg

Zollbrücke

22

DiNG

Einfach besser fahren

www.ding.eu